HandSumbook

통기초
베트남어
생활회화

홍빛나 지음

정진출판사

이 책의 구성

이 책은 사업적인 상황, 관광지에서의 상황, 일상적인 상황 등 필요한 상황에 맞는 주요 회화를 모두 담았으며 초보자들도 쉽게 따라하고 바로 활용할 수 있게 구성하였습니다.

많은 정보를 얻기 힘든 베트남어를 필요한 상황에 맞게 습득하고 사용할 수 있는 좋은 가이드가 될 것입니다. 이 책을 통하여 많은 사람들이 세계화 속에서 '베트남'이라는 보물을 발견했으면 좋겠습니다.

외국어를 효과적으로 익히는 방법은 무엇보다 단어를 많이 외우고 실제로 쓰이는 문장을 많이 접해 보는 것이 가장 좋습니다. 이 책의 특징은 다음과 같습니다.

- 포켓북 사이즈로 만들어 항상 가볍게 휴대하며 학습할 수 있습니다. 또한 원어민이 녹음한 본문 전체의 mp3 파일을 내려받아 자유롭게 학습에 활용할 수 있습니다.

- 전체적으로 기본적인 회화에서 감정을 나타내는 표현, 그리고 상황에 따른 적절한 표현들로 내용을 구성하여 쉽게 원하는 표현을 찾으며 학습할 수 있습니다.

- 본문의 주요표현은 이해하기 쉬운 간단한 대화 형식으로 구성하여 학습 효과를 높일 수 있으며, 각 장의 뒤에는 단어의 응용과 어휘력 향상을 위해 본문의 주제와 관련된 단어를 따로 실었습니다.

- 원어민 발음에 가까운 한글 발음을 표기하여 베트남어를 처음 접하는 학습자들도 쉽게 익힐 수 있습니다.

목차

이 책의 구성 ·· 3

제1장 인사와 소개

1. 인사 ·· 10
2. 처음 만났을 때 ··································· 12
3. 오랜만에 만났을 때 ···························· 14
4. 안부를 물을 때 ··································· 16
5. 헤어질 때 ··· 18
6. 누구인지 물을 때 ······························· 20
7. 소개하기 ·· 22
8. 국적 묻기 ··· 24
9. 직업 묻기 ··· 26
10. 출신지, 거주지 묻기 ························· 28
11. 나이를 물을 때 ·································· 30
12. 가족 소개 ··· 32

- **관련단어** 가족, 친척 호칭/국가 이름/직업

제2장 시간과 날씨

1. 시간을 물을 때 ··································· 42
2. 요일을 물을 때 ··································· 44
3. 날짜를 물을 때 ··································· 46
4. 시간에 관한 표현 ······························· 48
5. 약속을 정할 때 ··································· 50
6. 날씨 표현 1 ·· 52
7. 날씨 표현 2 ·· 54

8. 자연재해 ·· 56
- **관련단어** 날씨/숫자(기수)/숫자(서수)/년/월/날짜/시간

제3장 의견 · 감정 · 관심

1. 긍정의 표현·· 64
2. 맞장구 치기·· 66
3. 부정의 표현·· 68
4. 기쁠 때 ·· 70
5. 기분이 좋지 않을 때 ···························· 72
6. 화나거나 놀랐을 때 ···························· 74
7. 실망, 불만일 때 ·································· 76
8. 위로할 때 ·· 78
9. 칭찬할 때 ·· 80
10. 사과할 때 ·· 82
11. 감사할 때 ·· 84
12. 허락, 허가의 표현 ···························· 86
13. 거절할 때 ·· 88
14. 부탁할 때 ·· 90
15. 외모에 대한 표현 ···························· 92
16. 성격에 대한 표현 ···························· 94
17. 호감을 나타낼 때 ···························· 96

- **관련단어** 감정 표현/외모

제4장 일상생활

1. 학교 생활 ··· 102
2. 회사 생활 ··· 104
3. 주거 ·· 106

4. 휴가 계획 ············108
5. 취미 생활 ············110
6. 스포츠 ············112
7. 병원에서 ············114
8. 약국에서 ············116
9. 우체국에서 ············118
10. 미용실에서 ············120
11. 도서관에서 ············122
12. 은행에서 ············124
13. 극장에서 ············126

- **관련단어** 직급/취미, 스포츠/병 관련

제5장 전화

1. 전화를 걸 때 ············132
2. 전화를 받을 때 ············134
3. 부재중일 때 ············136
4. 말을 전할 때 ············138
5. 기타 전화 상황 ············140

- **관련단어** 기타 전화, 휴대폰

제6장 초대 · 방문 · 축하

1. 초대할 때 ············144
2. 방문할 때 ············146
3. 손님을 맞이할 때 ············148
4. 식사를 대접할 때 ············150
5. 손님을 배웅할 때 ············152
6. 축하의 표현 ············154

7. 신년, 기념일 축하 ································ 156

- **관련단어** 주요 공휴일

제7장 쇼핑·식사

1. 물건을 고를 때 ································ 160
2. 슈퍼에서 ·· 162
3. 가격 흥정하기 ································ 164
4. 물건 값 계산하기 ····························· 166
5. 교환, 반품 ······································ 168
6. 음식점에서 ····································· 170
7. 음식 주문하기 ································ 172
8. 대중식당 껌빈전에서 ······················· 174
9. 맛에 대한 표현 ······························· 176
10. 술을 마실 때 ································ 178
11. 식사 시의 기타 요청 ······················ 180
12. 식사비 계산하기 ··························· 182

- **관련단어** 의류/신발, 액세서리 등/양념/음료수/음식/맛

제8장 교통

1. 길을 물을 때 ·································· 192
2. 길을 안내할 때 ······························· 194
3. 버스를 이용할 때 ··························· 196
4. 택시를 이용할 때 ··························· 198
5. 쌔옴을 이용할 때 ··························· 200
6. 열차를 이용할 때 ··························· 202
7. 기내에서 ·· 204

- **관련단어** 교통수단/방향/색깔

제9장 관광

1. 출입국 심사 ……………………………… 210
2. 수하물 찾기 ……………………………… 212
3. 세관에서 ………………………………… 214
4. 방 예약, 방 구하기 ……………………… 216
5. 체크인하기 ……………………………… 218
6. 룸서비스 ………………………………… 220
7. 물품 보관 ………………………………… 222
8. 체크아웃 ………………………………… 224
9. 관광지에서 ……………………………… 226
10. 사진을 찍을 때 ………………………… 228
- **관련단어** 비행기/공항/호텔

제10장 위급상황

1. 도둑맞았을 때 …………………………… 234
2. 물건을 잃어버렸을 때 …………………… 236
3. 사고를 당했을 때 ………………………… 238
- **관련단어** 분실, 도난, 사고

부록

▶ **초심자를 위한 베트남어 막사용 설명서**

▶ **그림 단어**

1. 객실　　　　2. 화장실　　　　3. 컴퓨터
4. 문구류　　　5. 가전제품　　　6. 주방
7. 인체　　　　8. 과일　　　　　9. 야채
10. 동물　　　 11. 베트남의 주요 도시

인사와 소개 **1장**

1. 인사
2. 처음 만났을 때
3. 오랜만에 만났을 때
4. 안부를 물을 때
5. 헤어질 때
6. 누구인지 물을 때
7. 소개하기
8. 국적 묻기
9. 직업 묻기
10. 출신지, 거주지 묻기
11. 나이를 물을 때
12. 가족 소개

제1장 1. 인사

주요표현

A : Chào Hải!
짜오 하이

B : Chào Hương!
짜오 흐엉

A : 안녕, 하이!
B : 안녕, 흐엉!

안녕하세요! (정중하게)

Xin chào!
씬 짜오

안녕하세요! (연상 남자/여자에게)

Chào anh/chị!
짜오 아잉/찌

안녕!(친구/연하에게)

Chào bạn/em!
짜오 반/앰

안녕하십니까?(할아버지/할머니에게)

Chào ông/bà ạ?
짜오 옹/바 아

안녕히 주무세요!(밤 인사)

Chúc ngủ ngon!
쭉 응우 응온

인사와 소개

어떻게 지내세요?(안부)
Anh có khoẻ không?
아잉 꼬 코애 콩

좋습니다.
Tôi khoẻ.
또이 코애

그저 그렇습니다.
Tôi bình thường.
또이 빈 트엉

고맙습니다!
Cám ơn!
깜 언

별말씀을요!
Không có gì!
콩 꼬 지

베트남어의 호칭은 성별과 연령대와 사회적인 지위에 따라 매우 다양합니다. 또한 가족, 친척 간에서 쓰는 호칭들(아저씨, 오빠, 삼촌, 언니 등)을 일반적인 사회적 관계에서도 확대하여 사용합니다. 우리나라 말에서 인사말에 호칭을 생략하고 '안녕하세요!'로 통일하는 것과 달리 베트남어에서는 인사말에서부터 호칭을 붙여줍니다.

[많이 쓰이는 호칭] anh : 연상 남자   chị : 연상 여자   em : 연하 남자, 여자
  bạn : 친구   ông : 할아버지   bà : 할머니

제1장 2. 처음 만났을 때

> **A : Tôi là Hong Hanna. Rất vui được gặp anh!**
> 또이 라 홍 한나 젓 부이 드윽 갑 아잉
>
> **B : Tôi là Thanh. Rất vui được gặp cô!**
> 또이 라 타잉 젓 부이 드윽 갑 꼬
>
> A : 나는 홍한나입니다. 만나서 반갑습니다!
> B : 나는 타잉입니다. 만나서 반갑습니다!

소개해 드리겠습니다.

Xin giới thiệu.
씬 져이 티에우

이분은 김 선생님입니다.

Đây là anh Kim.
더이 라 아잉 김

만나게 되어 매우 행복합니다.

Rất hạnh phúc được gặp anh.
젓 하잉 푹 드윽 갑 아잉

저 역시 만나서 기쁩니다!

Tôi cũng rất vui được gặp cô!
또이 꿍 젓 부이 드윽 갑 꼬

저를 소개하겠습니다.

Xin tự giới thiệu.
씬 뜨 져이 티에우

인사와 소개

저는 한정수입니다.
Tôi là Han jung-su.
또이 라 한 정수

당신의 이름은 무엇입니까?
Anh tên là gì?
아잉 뗀 라 지

이름이 뭐죠?
Em tên gì?
앰 뗀 지

나의 이름은 흐엉입니다.
Tôi tên là Hương.
또이 뗀 라 흐엉

내 이름은 응우옌티하입니다. "하"라고 부르세요.
Tên tôi là Nguyễn Thị Hà, xin gọi tôi là "Hà".
뗀 또이 라 응우옌 티 하 씬 고이 또이 라 하

베트남 사람의 이름은 일반적으로 세 글자로 이루어져 있습니다.
Nguyễn Thị Hà → Nguyễn + Thị + Hà   성 + 가운데 이름 + 이름
하지만 실제로 이름을 부를 때는 세 단어 중 제일 마지막에 오는 이름만을 부릅니다. 그리고 가운데 이름은 남녀의 성별을 구별해 주는 기능을 합니다. 남자일 경우에는 văn을 쓰고, 여자의 경우는 thị를 씁니다.
이름을 부를 때 인칭대명사와 함께 쓸 수 있습니다.
Ex) Em Hà, Anh Minh 등등

제1장   3. 오랜만에 만났을 때

> **주요표현**
>
> A : Lâu lắm không gặp! Anh có khỏe không?
> 러우 람 콩 갑 아잉 꼬 코애 콩
>
> B : Cám ơn, tôi rất khỏe.
> 깜 언 또이 젓 코애
>
> A : 오랜만입니다! 잘 지냈어요?
> B : 감사합니다, 매우 잘 지냅니다.

5년 만이네요!

5 năm rồi mới gặp lại!
남 남 조이 머이 갑 라이

요즘에 어떻게 지내세요?

Dạo này cô thế nào?
자오 나이 꼬 테 나오

잘 지내고 있습니다.

Dạo này tôi rất tốt.
자오 나이 또이 젓 똣

당신은요?

Còn anh?
꼰 아잉

당신은 어떠세요?

Anh thế nào?
아잉 테 나오

인사와 소개

그럭저럭요.
Bình thường thôi.
빈 트엉 토이

나쁘지 않아요
Cũng được.
꿍 드억

건강해 보이네요.
Trông anh rất khỏe.
쫑 아잉 젓 코애

보고 싶었습니다.
Anh đã rất nhớ em.
아잉 다 젓 녀 앰

저도요.
Em cũng vậy.
앰 꿍 버이

제1장 4. 안부를 물을 때

> **A :** Công việc của anh thế nào?
> 꽁 비엑 꾸어 아잉 테 나오
>
> **B :** Rất tốt.
> 젓 똣
>
> A : 하시는 일은 어떠세요?
> B : 매우 잘 됩니다.

업무가 바쁘세요?

Công việc của anh có bận không?
꽁 비엑 꾸어 아잉 꼬 번 콩

아주 바쁩니다.

Rất bận rộn.
젓 번 존

하루 종일 일만 할 정도로 바쁩니다.

Tôi bận đến mức cả ngày chỉ làm việc thôi.
또이 번 덴 믁 까 응아이 찌 람 비엑 토이

요즘 일이 어떠세요?

Hiện nay, công việc thế nào?
히엔 나이 꽁 비엑 테 나오

사업이 잘 되고 있습니다.

Việc làm ăn của tôi rất tốt.
비엑 람 안 꾸어 또이 젓 똣

인사와 소개

모든 게 괜찮습니다.
Mọi việc đều tốt đẹp.
모이 비엑 데우 똣 뎁

그럭저럭 괜찮습니다.
Cũng được.
꿍 드억

그렇게 좋지는 않아요.
Không tốt lắm.
콩 똣 람

좋지도 않고 나쁘지도 않아요.
Không tốt cũng không xấu.
콩 똣 꿍 콩 쎠우

한가합니다.(일이 별로임)
Nhàn rỗi lắm.
냔 조이 람

---

có ~ không? 의문문

베트남어는 평서문 끝에 không을 붙여 주면 의문문이 됩니다. 이때 강조하는 표현으로 서술어 앞에 có를 넣어 '주어 + có + 서술어 + không' 형태의 문장이 완성됩니다. 이때 서술어가 동사나 형용사일 경우에는 '주어는 ~합니까?'로 해석해 주면 됩니다.

Anh có bận không? 바쁩니까?

bận : 바쁜 ← 형용사

제1장 5. 헤어질 때

주요표현

A : Chào anh! Hẹn gặp lại.
짜오 아잉 헨 갑 라이

B : Tạm biệt! Chúc một ngày tốt lành!
땀 비엣 쭉 못 응아이 똣 라잉

A : 안녕! 또 봐요.
B : 안녕! 좋은 하루 되세요!

가야 할 시간이네요.

Bây giờ tôi phải đi.
버이 져 또이 파이 디

다음에 봐요.

Hẹn gặp lại sau.
헨 갑 라이 싸우

바이바이!

Tạm biệt!
땀 비엣

살펴 가세요.

Chúc đi về an toàn.
쭉 디 베 안 또안

내일 또 봐요.

Hẹn gặp lại ngày mai.
헨 갑 라이 응아이 마이

인사와 소개

곧 또 봐요.

Hẹn sớm gặp lại.
핸 썸 갑 라이

잘 자요.

Chúc ngủ ngon.
쭉 응우 응온

행복한 하루 되세요!

Chúc một ngày hạnh phúc!
쭉 못 응아이 하잉 푹

즐거운 주말 되세요!

Chúc cuối tuần vui vẻ!
쭉 꾸오이 뚜언 부이 배

아내에게 안부 전해 주세요.

Cho tôi gửi lời thăm vợ anh nhé.
쪼 또이 그이 러이 탐 버 아잉 녜

---

chúc은 한자어 '축(祝)'자로 기원하고 행운을 빌어줄 때 사용합니다. '~하길바래요!', '~되세요!' 등으로 해석하면 됩니다.
 관용적인 표현으로 Chúc ngủ ngon.(잘 자요.)가 있는데, 여기서 ngủ는 '잠자다'라는 뜻이고, ngon은 맛을 표현하는 단어로 '맛있다'라는 뜻입니다. 직역하면 '잠을 맛있게 자길 바래.'가 되는데, 우리나라에서도 '단잠, 꿀잠'이라고 표현하듯이 베트남 사람들도 '맛있게 잔다'라는 재미있는 표현을 씁니다.

제1장   6. 누구인지 물을 때

> A : Người kia là ai?
> 응으어이 끼어 라 아이
>
> B : Anh ấy là Lê Văn Dũng.
> 아잉 어이 라 레 반 중
>
> A : 저분은 누구인가요?
> B : 그는 레반중 씨입니다.

우리는 서로 아는 사이입니다.

Chúng tôi đã biết nhau trước.
쭝 또이 다 비엣 냐우 쯔억

란은 나의 친한 친구입니다.

Lan là bạn thân của tôi.
란 라 반 턴 꾸어 또이

우리는 고등학교 동창입니다.

Chúng mình đã học phổ thông cùng nhau.
쭝 밍 다 혹 포 통 꿍 냐우

우리는 같은 회사에서 일합니다.

Chúng tôi làm cùng nhau.
쭝 또이 람 꿍 냐우

그는 내 직장 동료입니다.

Anh ấy là đồng nghiệp của tôi.
아잉 어이 라 동 응이엡 꾸어 또이

인사와 소개

그는 영업을 담당하고 있습니다.
Anh ấy là nhân viên tiếp thị.
아잉 어이 라 년 비엔 띠엡 티

그는 내 상사입니다.
Anh ấy là xếp của tôi.
아잉 어이 라 쎕 꾸어 또이

저 부인은 누구인가요?
Bà kia là ai?
바 끼어 라 아이

그녀는 내 고객입니다.
Bà ấy là khách của tôi.
바 어이 라 카익 꾸어 또이

그녀가 누군지 모릅니다.
Tôi không biết bà ấy là ai.
또이 콩 비엣 바 어이 라 아이

제1장   7. 소개하기

> **주요표현**
>
> A : Tên anh là gì?
> 뗀 아잉 라 지
>
> B : Tên tôi là Lê Văn Minh.
> 뗀 또이 라 레 반 밍
>
> A : 성함이 어떻게 되세요?
> B : 저는 레반밍입니다.

호아빙 무역회사의 호아입니다.

Tôi là Hoa, nhân viên công ty thương mại Hòa Bình.
또이 라 호아 년 비엔 꽁 띠 트엉 마이 호아 빙

이름 철자가 어떻게 됩니까?

Tên chị được viết như thế nào?
뗀 찌 드억 비엣 니으 테 나오

제 명함이 여기 있습니다.

Đây là danh thiếp của tôi.
더이 라 자잉 티엡 꾸어 또이

명함을 주십시오.

Làm ơn trao danh thiếp cho tôi.
람 언 짜오 자잉 티엡 쪼 또이

예, 여기 있습니다.

Dạ, đây.
자 더이

인사와 소개

저는 명함이 없습니다.

Tôi không có danh thiếp.
또이 콩 꼬 자잉 티엡

내 이름은 이민아입니다.

Tên tôi là Lee Min-A.
뗀 또이 라 리 민아

저는 팜티란입니다.

Tôi là Phạm Thị Lan.
또이 라 팜 티 란

란이라고 불러 주세요.

Hãy gọi tôi là cô Lan.
하이 고이 또이 라 꼬 란

당신의 별명은 무엇인가요?

Biệt danh của anh là gì?
비엣 자잉 꾸어 아잉 라 지

베트남 사람들은 외국 손님들을 만날 때 꼭 명함을 건네줍니다. 명함에는 이름, 직업, 직책, 주소와 전화번호, 핸드폰 번호 등이 적혀 있습니다. 베트남 대표단이 한국을 방문했을 때 재미있는 일이 벌어지는데, 6명이면 6명, 8명이면 8명 숫자와 상관없이 모든 베트남 사람들이 자신의 명함을 챙겨 한 사람 한 사람에게 나누어 줍니다. 베트남의 의례적 인사가 바로 명함 교환이기 때문입니다. 그래서 간혹 명함을 준비 못한 한국분들께서 매우 당황해하시고 미안해하시는 상황이 생깁니다. 베트남 사람들과 만남을 가지실 때는 명함을 꼭 챙겨 가야 합니다.

제1장 8. 국적 묻기

> A : Anh Kim ơi! Anh là người Hàn Quốc, phải không?
> 아잉 낌 어이 아잉 라 응어이 한 꾸옥 파이 콩
>
> B : Dạ phải.
> 자 파이
>
> A : 미스터 김, 한국인이세요?
> B : 네, 그렇습니다.

어느 나라 사람입니까?

Anh là người nước nào?
아잉 라 응어이 느억 나오

국적이 어디인가요?

Quốc tịch của anh là gì?
꾸옥 띡 꾸어 아잉 라 지

한국 사람입니다. 당신은요?

Tôi là người Hàn Quốc, còn cô?
또이 라 응어이 한 꾸옥 꼰 꼬

저는 베트남 사람입니다.

Tôi là người Việt Nam.
또이 라 응어이 비엣 남

저는 하노이 사람입니다.

Tôi là người Hà Nội.
또이 라 응어이 하 노이

인사와 소개

저는 중부 출신입니다.

Quê của tôi ở miền trung.
꾸에 꾸어 또이 어 미엔 쯩

여기는 일 때문에 왔습니다.

Tôi đến đây để làm việc.
또이 덴 더이 데 람 비엑

베트남에 관광하러 왔습니다.

Tôi đến Việt Nam để du lịch.
또이 덴 비엣 남 데 주 릭

베트남어는 어디에서 배우셨나요?

Anh/Cô đã học tiếng Việt ở đâu?
아잉/꼬 다 혹 띠엥 비엣 어 더우

저의 고향은 베트남 남부 호찌민시입니다.

Quê của tôi là thành phố Hồ Chí Minh miền nam Việt Nam.
꾸에 꾸어 또이 라 타잉 포 호 찌 밍 미엔 남 비엣 남

베트남은 북에서 남으로 영토가 매우 긴 나라이고, 인종, 기후, 풍토, 음식, 문화적인 면에서 각 지방마다 매우 다양합니다. 베트남어의 발음도 지역마다 차이가 있으며 크게 북부, 중부, 남부 세 지역의 발음으로 분류합니다. 베트남 사람들은 서로의 말을 들으면 바로 어느 지방 출신인지 알아차릴 만큼 세 지역의 발음이 매우 다릅니다. 이는 베트남어를 학습하는 외국인에게 매우 어려움을 주고 있습니다. 베트남의 표준어는 수도 하노이를 중심으로 한 북부 발음입니다.

제1장 9. 직업 묻기

> A : Nghề nghiệp của cô là gì?
> 응에 응이엡 꾸어 꼬 라 지
>
> B : Tôi là sinh viên.
> 또이 라 씽 비엔
>
> A : 직업이 무엇입니까?
> B : 학생입니다.

무슨 일을 하세요?

Anh làm nghề gì?
아잉 람 응에 지

회사원입니다.

Tôi là nhân viên công ty.
또이 라 년 비엔 꽁 띠

어느 회사에서 일하세요?

Cô làm việc ở công ty nào?
꼬 람 비엑 어 꽁 띠 나오

무역회사에서 일합니다.

Tôi làm việc ở công ty thương mại.
또이 람 비엑 어 꽁 띠 트엉 마이

나는 은행에서 일합니다.

Tôi làm việc ở ngân hàng.
또이 람 비엑 어 응언 항

인사와 소개

나는 란아잉 회사의 사장입니다.

Tôi là giám đốc công ty Lan Anh.

또이 라 지암 독 꽁 띠 란 아잉

베트남어 선생님입니다.

Tôi là giáo viên dạy tiếng Việt.

또이 라 지아오 비엔 자이 띠엥 비엣

나의 직업은 판매원입니다.

Nghề của tôi là nhân viên bán hàng.

응에 꾸어 또이 라 년 비엔 반 항

나는 관광 가이드입니다.

Tôi là hướng dẫn viên du lịch.

또이 라 흐엉 전 비엔 주 릭

나는 가정주부입니다.

Tôi là nội trợ.

또이 라 노이 쩌

나는 공무원입니다.

Tôi là công chức.

또이 라 꽁 쯕

나는 예전에 경찰로 일했지만 지금은 은퇴했습니다.

Trước đây tôi làm công an nhưng bây giờ đã về hưu rồi.

쯔억 더이 또이 람 꽁 안 늉 버이 져 다 베 흐우 조이

제1장 10. 출신지, 거주지 묻기

> A : **Nhà anh ở đâu?**
> 냐 아잉 어 더우
>
> B : **Nhà tôi ở Phú Mỹ Hưng.**
> 냐 또이 어 푸 미 흥
>
> A : 댁은 어디세요?
> B : 푸미흥입니다.

고향은 어디세요?
Quê của chị ở đâu?
꾸에 꾸어 찌 어 더우

내 고향은 후에입니다.
Quê của tôi là Huế.
꾸에 꾸어 또이 라 후에

어디서 사세요?
Anh sống ở đâu?
아잉 쏭 어 더우

서울 가까이에서 삽니다.
Tôi sống ở gần seoul.
또이 쏭 어 건 써울

서울로 출근합니다.
Tôi làm việc ở Seoul.
또이 람 비엑 어 써울

인사와 소개

교통이 편리합니다.

Giao thông rất thuận tiện.
지아오 통 젓 투언 띠엔

댁이 여기서 멀어요?

Nhà anh từ đây có xa không?
냐 아잉 뜨 더이 꼬 싸 콩

네, 여기서 좀 멉니다.

Dạ, từ đây hơi xa.
자 뜨 더이 허이 싸

지하철로 30분 정도 걸립니다.

Mất 30 phút bằng tàu điện ngầm.
멋 바므어이 풋 방 따우 디엔 응엄

우리 집은 여기서 가깝습니다. 걸어서 갈 수 있습니다.

Nhà tôi ở gần đây, đi bộ được.
냐 또이 어 건 더이 디 보 드억

베트남의 가장 보편적인 교통수단 오토바이! 베트남에 방문한 사람들은 도로 위를 가득 메운 오토바이의 물결을 보고 매우 놀라는 경험을 한 번쯤 합니다. 베트남의 오토바이는 약 2천만 대에 달하며 이는 한 가구당 한 대 꼴로 오토바이를 소유하고 있는 셈입니다. 베트남 사람들은 좀처럼 걷지 않고 집 앞 슈퍼에 가든지, 친구들을 만나 한잔하러 가든지 모두 오토바이를 타고 다니는 게 습관입니다. 베트남의 도로 사정이 좋지 않아 차가 다니지 못하는 것도 오토바이가 주요 교통수단이 되는 원인 중 하나입니다.

제1장   11. 나이를 물을 때

> **주요표현**
>
> A : Anh bao nhiêu tuổi?
> 아잉 바오 니에우 뚜오이
>
> B : Tôi 27 tuổi.
> 또이 하이바이 뚜오이
>
> A : 나이가 어떻게 되세요?
> B : 27세입니다.

실례지만 나이가 몇 살입니까?
Anh bao nhiêu tuổi, nếu tôi được phép hỏi?
아잉 바오 니에우 뚜오이 네우 또이 드억 팹 호이

아버님 나이가 어떻게 되세요?
Bố anh bao nhiêu tuổi?
보 아잉 바오 니에우 뚜오이

56세입니다.
56 tuổi.
남므어이싸우 뚜오이

어머님은요?
Còn mẹ anh?
꼰 매 아잉

어머님은 53세입니다.
Mẹ tôi 53 tuổi.
매 또이 남므어이바 뚜오이

인사와 소개

당신은 몇 년 생이세요?
Chị sinh năm bao nhiêu?
찌 씽 남 바오 니에우

저는 1986년생입니다.
Tôi sinh năm 1986.
또이 씽 남 못응안찐짬땀으어이싸우

저는 올해 20세입니다.
Em năm nay 20 tuổi.
앰 남 나이 하이므어이 뚜어이

당신은 무슨 띠입니까?
Anh là tuổi gì?
아잉 라 뚜오이 지

저는 쥐띠입니다.
Tôi tuổi con chuột.
또이 뚜오이 꼰 쭈옷

우리나라에서는 초면에 나이를 묻는 것을 실례라고 생각하지만, 베트남에서는 나이가 호칭을 정하기 때문에 인사를 하고 조금 친해졌다 싶으면 나이를 묻고 호칭을 정합니다.(anh, chị, em… 등등) 또 나이를 물어볼 때 '몇 살이세요?'라고 묻기도 하지만 생년을 묻기도 합니다. 베트남에도 12간지 띠가 있지만 재미있는 점은 우리나라에서 토끼 띠가 베트남에서는 고양이 띠이고, 소띠도 베트남에 주로 서식하는 물소의 띠를 사용한다는 점입니다. 토끼가 베트남 사람들에게는 귀여움의 상징이 아니라 연약함의 상징이기 때문입니다.

제1장 12. 가족 소개

> A : Gia đình anh có mấy người?
> 지아 딩 아잉 꼬 머이 응어이
>
> B : Gia đình tôi có 5 người.
> 지아 딩 또이 꼬 남 응어이
>
> A : 가족이 몇 분이세요?
> B : 5명입니다.

가족이 다섯입니다.

Gia đình của tôi có 5 người.
지아 딩 꾸오 또이 꼬 남 응어이

이분이 아버지, 어머니, 형과 누나입니다.

Đây là bố tôi, mẹ tôi, anh trai và chị gái tôi.
더이 라 보 또이 매 또이 아잉 짜이 바 찌 가이 또이

당신은 형제자매가 있나요?

Anh có anh chị em không?
아잉 꼬 아잉 찌 앰 콩

네, 여동생이 있습니다.

Có, có em gái.
꼬 꼬 앰 가이

자녀가 있습니까?

Chị có con không?
찌 꼬 꼰 콩

인사와 소개

네, 아들이 둘 있습니다.

Dạ, có 2 con trai.
자 꼬 하이 꼰 짜이

딸만 셋 있습니다.

Tôi chỉ có 3 con gái thôi.
또이 찌 꼬 바 꼰 가이 토이

아들 하나 딸 하나가 있습니다.

Tôi có một con trai và một con gái.
또이 꼬 못 꼰 짜이 바 못 꼰 가이

나는 아직 아이가 없습니다.

Tôi chưa có con.
또이 쯔어 꼬 꼰

아들은 무엇을 하나요?(직업)

Con trai làm nghề gì?
꼰 짜이 람 응에 지

아들은 베트남어 선생입니다.

Con trai tôi là giáo viên dạy tiếng Việt.
꼰 짜이 또이 라 지아오 비엔 자이 띠엥 비엣

막내아들은 병원에서 일합니다.

Con trai út tôi làm ở bệnh viện.
꼰 짜이 웃 또이 람 어 벵 비엔

관련단어

가족, 친척 호칭

gia đình	지아(야) 딩	가족
họ hàng	호 항	친척(= thân tộc 턴 똑)
ông nội	옹 노이	친할아버지
ông ngoại	옹 응오아이	외할아버지
bà nội	바 노이	친할머니
bà ngoại	바 응오아이	외할머니
bố mẹ	보 매	부모
bố	보	아버지, 아빠 (= ba/cha 바/짜)
mẹ	매	어머니, 엄마(= má 마)
con trai	꼰 짜이	아들
con gái	꼰 가이	딸
anh trai	아잉(안) 짜이	형, 오빠
em trai	앰 짜이	남동생
chị gái	찌 가이	누나, 언니
em gái	앰 가이	여동생
con cái	꼰 까이	자식
cháu trai	짜우 짜이	손자
cháu gái	짜우 가이	손녀
bác	박	큰아버지, 큰외삼촌, 큰어머니, 큰고모
chú	쭈	작은아버지, 삼촌
cô	꼬	고모
thím	팀	숙모
cậu	꺼우	삼촌
mợ	머	외숙모

con dâu	꼰 져우(여우)	며느리
con rể	꼰 제(레)	사위

국가 이름

Áchentina	악핸띠나	아르헨티나
Ai cập	아이 껍	이집트
Ailen	아이랜	아일랜드
Aixlen	아이슬랜	아이슬랜드
Anbani	안바니	알바니
Angiêri	안제리	알제리
Anh	아잉	영국
Áo	아오	오스트리아
Ápganixtan	압가니스딴	아프가니스탄
Ấn Độ	언 도	인도
Ba Lan	바 란	폴란드
Bắc Triều Tiên	박 찌에우 띠엔	북한
Bồ Đào Nha	뽀 다오 냐	포르투갈
Bra Xin	브라 씬	브라질
Bungari	분가리	불가리아
Campuchia	깜뿌찌아	캄보디아
Canada	까나다	캐나다
Cô oet	꼬 오앳	쿠웨이트
Cuba	꾸바	쿠바
Chile	찔래	칠레
Đài Loan	다이 로안	대만
Đan Mạch	단 마익	덴마크
Đức	득	독일
Êtiôpi	에띠오삐	에티오피아

 **관련단어**

Hà Lan	하 란	화란, 네덜란드
Hàn Quốc	한 꾸옥	한국
Hồng Kong	홍 꽁	홍콩
Hy Lạp	히 랍	희랍, 그리스
Indonesia	인도네시아	인도네시아
Iran	이란	이란
Irắc	이락	이라크
Lào	라오	라오스
Macao	마까오	마카오
Malaysia	마라이씨아	말레이시아
Mêhicô	메히꼬	멕시코
Miến Điện	미엔 디엔	미얀마, 버마
Mông Cổ	몽 꼬	몽고
Mỹ	미	미국 (= Hoa Kỳ 호아 끼)
Na Uy	나 우이	노르웨이
Nam phi	남 피	남아프리카공화국
Nam Tư	남 뜨	유고슬라비아
Nepal	내빨	네팔
Nga	응아	러시아
Nhật Bản	녓 반	일본
Pakistan	빠끼쓰딴	파키스탄
Pháp	팝	프랑스
Phần Lan	펀 란	핀란드
Philippines	피립삔	필리핀
Rumani	루마니	루마니아
Tân Tây Lan	떤 떠이 란	뉴질랜드
Tây Ban Nha	떠이 반 냐	스페인
Tiệp Khắc	띠엡 칵	체코

Thái Lan	타이 란	태국
Thổ Nhĩ Kỳ	토 니 끼	터키
Thụy Điển	투이 디엔	스웨덴
Thụy Sĩ	투이 씨	스위스
Trung Quốc	쭝 꾸옥	중국
Úc	욱	호주
Uzơbêkixtan	우저베끼스딴	우즈베키스탄
Việt Nam	비엣 남	베트남
Xingapo	씬가뽀	싱가포르
Xrilanca	쓰리란까	스리랑카
Ý	이	이탈리아

직업

nghề	응에	직업
nghề nghiệp	응에 응입	직업
bác sĩ	박 씨	의사
binh sĩ	빙 씨	군인(사병)
bộ trưởng	보 쯔엉	장관
ca sĩ	까 씨	가수
cán bộ	깐 보	간부
cảnh sát	까잉 쌋	경찰
cô giáo	꼬 지아오	여자 선생님
công an	꽁 안	경찰
công chức	꽁 쯕	공무원
công nhân	꽁 년	노동자, 공인
chuyên gia	쭈이엔 지아	전문가
diễn viên	지엔 비엔	연예인, 탤런트, 배우
du học sinh	주 혹 씽	유학생

관련단어

đại sứ	다이 쓰	대사
đạo diễn	다오 지엔	감독
đầu bếp	더우 벱	주방장, 요리사
đội viên	도이 비엔	대원
giám đốc	잠 독	사장
giáo sư	쟈오 쓰	교수
giáo viên	쟈오 비엔	선생님, 교사
hiệu trưởng	히에우 쯔엉	교장, 총장
họa sĩ	호아 씨	화가
học sinh	혹 씽	학생
hướng dẫn viên	흐엉 전 비엔	안내원
hướng dẫn viên du lịch	흐엉 전(연) 비엔 주(유) 릭	가이드
kiến trúc sư	끼엔 쭉 쓰	건축가
kỹ sư	끼 쓰	엔지니어, 기술자
lãnh sự	라잉 쓰	영사
luật sư	루엇 쓰	변호사
mục sư	묵 쓰	목사
nông dân	농 전	농민, 농부
nữ tiếp viên hàng không	느 띠엡 비엔 항 콩	스튜어디스
nghiên cứu sinh	응이엔 끄우 씽	연구생, 대학원생
ngư dân	응으 전	어부, 어민
người dịch	응어이 직	번역가
người đánh cá	응어이 다잉(단) 까	어부, 고기잡이
người lái máy bay	응어이 라이 마이 바이	파일럿
người lái xe	응어이 라이 쌔	운전수, 운전기사

인사와 소개

người làm bếp	응어이 람 벱	조리사
người làm vườn	응어이 람 브언	정원사
người lao động	응어이 라오 동	노동자
người nội trợ	응어이 노이 쩌	가정주부
người phiên dịch	응어이 피엔 직	통역가
nhà báo	냐 바오	기자
nhà biếm họa	냐 비엠 호아	만화가
nhà buôn	냐 부온	상인
nhà chính trị	냐 찡 찌	정치가, 정치인
nhà khoa học	냐 코아 혹	과학자
nhà ngoại giao	냐 응오아이 쟈오	외교관
nhà sư	냐 쯔	승려, 중
nhà thể thao	냐 테 타오	체육인
nhà thơ	냐 터	시인
nhà văn	냐 반	문학가
nhạc sĩ	냑 씨	음악가
nhân viên	년 비엔	직원, 사원
nhân viên bán hàng	년 비엔 반 항	판매원
nhân viên ngân hàng	년 비엔 응언 항	은행 직원
nhân viên tiếp thị	년 비엔 띠엡 티	마케팅 사원
phóng viên	퐁 비엔	기자
quân nhân	꾸언 년	군인
tài xế / người lái xe	따이 쎄 / 응어이 라이 쌔	운전기사, 운전수
tiến sĩ	띠엔 씨	박사
tổng thống	똥 통	대통령

관련단어

thạc sĩ	탁 씨	석사
thầy giáo	터이 쟈오	남자 선생님
thợ cắt tóc	터 깟 똑	미용사
thợ may	터 마이	재봉사
thợ máy	터 마이	기계공
thợ mộc	터 목	목수
thợ nề	터 네	미장이
thủ tướng	투 뜨엉	수상
thư ký	트 끼	비서
thương gia	트엉 지아	사업가
vận động viên	번 동 비엔	운동선수
y sĩ	이 시	초급 의사
y tá	이 따	간호사

시간과 날씨 2장

1. 시간을 물을 때
2. 요일을 물을 때
3. 날짜를 물을 때
4. 시간에 관한 표현
5. 약속을 정할 때
6. 날씨 표현 1
7. 날씨 표현 2
8. 자연재해

제2장 1. 시간을 물을 때

> **주요표현**
>
> A : Bây giờ là mấy giờ?
> 버이 져 라 머이 져
>
> B : Bây giờ là 1 giờ.
> 버이 져 라 못 져
>
> A : 지금 몇 시예요?
> B : 지금 1시입니다.

지금 몇 시나 됐나요?

Bây giờ là mấy giờ rồi?
버이 져 라 머이 져 조이

10시 정각입니다.

Đúng 10 giờ.
둥 므어이 져

시간이 있습니까?

Cô có thời gian không?
꼬 꼬 터이 지안 콩

아니요, 2시 20분에 약속이 있습니다.

Không, tôi có hẹn lúc 2 giờ 20 phút.
콩 또이 꼬 핸 룩 하이 져 하이므어이 풋

일 끝나고 만납시다.

Sau khi làm việc xong, gặp nhé.
싸우 키 람 비엑 쏭 갑 네

시간과 날씨

몇 시에 만날까요?

Chúng ta gặp nhau lúc mấy giờ?
쭝 따 갑 냐우 룩 머이 져

6시 10분 전에 만납시다.

Lúc 6 giờ kém 10 (phút).
룩 싸우 져 깸 므어이 (풋)

너무 빨라요. 6시에 만나요.

Sớm quá. Lúc 6 giờ nhé.
썸 꾸아 룩 싸우 져 녜

그러면 7시가 더 좋습니다.

Như vậy thì 7 giờ tốt hơn.
니으 버이 티 바이 져 똣 헌

네, 그렇게 합시다. 그때 봅시다.

Dạ. Thế cũng được. Hẹn gặp lại lúc đó.
자 테 꿍 드억 헨 갑 라이 룩 도

다양한 시간 표현

3시	3 giờ
5시 30분	5 giờ 30 phút
5시 반	5 giờ rưỡi
10시 15분 전	10 giờ kém 15
9시 정각	9 giờ đúng = đúng 9 giờ

제2장 2. 요일을 물을 때

> A : Hôm nay là thứ mấy?
> 홈 나이 라 트 머이
>
> B : Hôm nay là chủ nhật.
> 홈 나이 라 쭈 녓
>
> A : 오늘은 무슨 요일이지요?
> B : 오늘은 일요일입니다.

이번 주말에 어디 가시나요?

Vào cuối tuần này, anh sẽ đi đâu?
바오 꾸오이 뚜언 나이 아잉 쌔 디 더우

지난 토요일에는 무엇을 하셨나요?

Anh đã làm gì vào thứ bảy vừa qua?
아잉 다 람 지 바오 트 바이 브어 꾸아

이 일 때문에 매우 바빴습니다.

Tôi rất bận vì việc này.
또이 젓 번 비 비엑 나이

다음주까지는 끝내 주세요.

Hãy cố gắng hoàn thành vào tuần sau.
하이 꼬 강 호안 타잉 바오 뚜언 싸우

빠르면 빠를수록 좋습니다.

Càng sớm càng tốt.
깡 썸 깡 똣

시간과 날씨

최선을 다하겠습니다.

Tôi sẽ cố gắng hết sức.

또이 쌔 꼬 강 헷 쏙

약속합니다. / 책임지겠습니다.

Tôi hứa là sẽ chịu trách nhiệm.

또이 흐어 라 쌔 찌우 짜익 니엠

이 프로젝트를 마친 후에 휴가를 갈 겁니다.

Sau khi hoàn thành việc này, tôi sẽ đi nghỉ mát.

싸우 키 호안 타잉 비엑 나이 또이 쌔 디 응이 맛

이번 금요일까지 마칠 수 있습니까?

Anh có thể hoàn thành cho đến thứ sáu này không?

아잉 꼬 테 호안 타잉 쪼 덴 트 싸우 나이 콩

금요일까지는 어렵고, 다음주 월요일까지 해보겠습니다.

Thứ sau thì khó, nhưng tôi làm được đến thứ hai tới.

트 싸우 티 코 늉 또이 람 드억 덴 트 하이 떠이

베트남어의 요일 서수

베트남어의 요일 표현은 첫 번째, 두 번째, 세 번째… 등의 서수로 표현합니다. 일요일을 첫 번째 날로 치지만, 일요일은 주일이라고 부르고(chủ nhật) 월요일부터 달력의 순서대로 두 번째, 화요일은 세 번째, 수요일은 네 번째…, 토요일은 일곱 번째라고 합니다.

제2장   3. 날짜를 물을 때

> **주요표현**
>
> A : Hôm nay là ngày mấy?
> 홈 나이 라 응아이 머이
>
> B : Hôm nay là ngày 3 tháng10.
> 홈 나이 라 응아이 바 탕 므어이
>
> A : 오늘은 며칠인가요?
> B : 오늘은 10월 3일입니다.

며칠이죠?
Hôm nay là ngày bao nhiêu?
홈 나이 라 응아이 바오 니에우

오늘은 3월 22일입니다.
Ngày 22 tháng 3.
응아이 하이하이 탕 바

오늘이 5월 5일인가요?
Hôm nay là ngày mồng 5 tháng 5, phải không?
홈 나이 라 응아이 몽 남 탕 남 파이 콩

아니요, 오늘은 5월 6일입니다.
Không phải, ngày mồng 6 tháng 5.
콩 파이 응아이 몽 싸우 탕 남

생일이 언제입니까?
Sinh nhật của anh là ngày mấy?
씽 녓 꾸어 아잉 라 응아이 머이

시간과 날씨

10월 23일입니다.

Ngày 23 tháng 10.

응아이 하이바 탕 므어이

여름방학은 언제 시작합니까?

Khi nào bắt đầu nghỉ hè?

키 나오 밧 더우 응이 해

6월 말부터요.

Từ cuối tháng 6.

뜨 꾸오이 탕 싸우

신학기는 언제 시작해요?

Lúc nào bắt đầu học kỳ mới?

룩 나오 밧 더우 혹 끼 머이

9월 초입니다.

Đầu tháng 9.

더우 탕 찐

📎 베트남은 생활 속에서 금기 사항이 무척 많습니다. 특히 날짜에 따라 금기 사항이 있는데 장사하는 사람은 5일, 17일, 23일에 출발을 하면 불길하다고 하여 기피합니다. 또한 출발하는 날이 7일이면 안 되고 도착하는 날이 3일이면 안 됩니다. 이런 금기 사항들은 생활에 많은 제약을 줍니다. 특히 베트남 사람들은 출장이나 멀리 출타할 때에도 위에서 말한 날짜에는 기피하는 경향이 있습니다. 이러한 문화가 생활하는 데 있어 불리하게 작용할 수도 있지만, 이를 잘 이해하고 숙지하고 있다면 베트남 사람들을 이해하고 관계를 맺는 데 도움이 될 것입니다.

제2장   4. 시간에 관한 표현

주요표현

A : Chiếc đồng hồ này có đúng giờ không?
찌엑 동 호 나이 꼬 둥 져 콩

B : Sớm 5 phút.
썸 남 풋

A : 이 시계 맞나요?
B : 5분 빠릅니다.

이 시계는 꽤 정확합니다.

Chiếc đồng hồ này khá là chính xác.
찌엑 동 호 나이 카 라 찐 싹

저 시계는 10분 느립니다.

Chiếc đồng hồ kia chạy chậm 10 phút.
찌엑 동 호 끼어 짜이 쩜 므어이 풋

당신 시계는 좀 느린 것 같습니다.

Có lẽ đồng hồ của anh chạy hơi chậm một chút.
꼬 래 동 호 꾸어 아잉 짜이 허이 쩜 못 쭛

이 시계를 3분 빠르게 해놓았습니다.

Tôi đã chỉnh chiếc đồng hồ này chạy sớm 3 phút.
또이 다 찡 찌엑 동 호 나이 짜이 썸 바 풋

이 시계는 이상합니다.

Chiếc đồng hồ này không đúng giờ.
찌엑 동 호 나이 콩 둥 져

시간과 날씨

배터리가 다 됐네요.

Hết pin rồi.

헷 삔 조이

배터리를 교환해 주세요.

Cho tôi đổi pin.

쪼 또이 도이 삔

이 시계는 고장이군요.

Chiếc đồng hồ này bị hỏng rồi.

찌엑 동 호 나이 비 홍 조이

이 시계를 고쳐 주세요.

Hãy chỉnh chiếc đồng hồ này cho tôi.

하이 찡 찌엑 동 호 나이 쪼 또이

수리하는 데 한 시간 정도 걸립니다.

Sửa đồng hồ khoảng mất 1 tiếng.

쓰어 동 호 코앙 멋 못 띠엥

제2장   5. 약속을 정할 때

> A : Khi nào chúng ta gặp nhau?
> 키 나오 쭝 따 갑 냐우
>
> B : Cuối tuần này anh đến được không?
> 꾸오이 뚜언 나이 아잉 덴 드억 콩
>
> A : 언제 만나 뵐까요?
> B : 이번 주말에 올 수 있어요?

시간 약속을 하고 싶은데요.

Tôi muốn hẹn gặp anh.
또이 무온 핸 갑 아잉

몇 시에 만날까요?

Chúng ta gặp lúc mấy giờ?
쭝 따 갑 룩 머이 져

오후에 댁을 방문해도 좋겠습니까?

Chiều nay đến thăm nhà cô được không?
찌에우 나이 덴 탐 냐 꼬 드억 콩

오후에 밖에 나갑니다.

Chiều nay tôi sẽ đi ra ngoài.
찌에우 나이 또이 쌔 디 자 응오아이

내일 와 주세요.

Hãy đến ngày mai.
하이 덴 응아이 마이

시간과 날씨

다른 약속 때문에 시간이 없습니다.

Tôi không có thời gian vì có cuộc hẹn khác.

또이 콩 꼬 터이 지안 비 꼬 꾸옥 핸 칵

좋습니다, 내일 가겠습니다.

Được, ngày mai tôi sẽ đến.

드억 응아이 마이 또이 쌔 덴

오늘 저녁에 뵐 수 있겠죠?

Tối nay tôi gặp cô được chứ?

또이 나이 또이 갑 꼬 드억 쯔

좋습니다, 기다리겠습니다.

Được, tôi sẽ đợi.

드억 또이 쌔 더이

3시 괜찮습니다.

3 giờ được.

바 져 드억

được은 동사 뒤에나 혹은 문장 끝에 위치하여 '가능하다, 할 수 있다'라는 뜻을 나타냅니다. 그래서 상대방에게 허가를 구하거나 약속을 잡을 때 가능한지를 물어보고 대답할 때 많이 쓰입니다.

được 뒤에 không을 붙이면 의문문이 되어 'được không?(가능합니까?, 되나요?)'라는 뜻이 됩니다. 이때 가능하면 대답을 được으로 해주면 되고, 불가능하면 không được으로 하면 됩니다.

제2장 6. 날씨 표현 1

주요표현

A : Thời tiết hôm nay thế nào?
터이 띠엣 홈 나이 테 나오

B : Thời tiết hôm nay rất tốt.
터이 띠엣 홈 나이 젓 똣

A : 오늘 날씨가 어때요?
B : 오늘은 날씨가 좋습니다.

오늘은 날씨가 좋고 시원합니다.
Hôm nay trời rất đẹp, mát quá.
홈 나이 쩌이 젓 뎁 맛 꾸아

따뜻합니다.
Hôm nay ấm.
홈 나이 엄

덥고 습기 찹니다.
Trời nóng và ẩm.
쩌이 농 바 엄

오늘은 날씨가 흐립니다.
Hôm nay trời có mây.
홈 나이 쩌이 꼬 머이

바람이 붑니다.
Trời có gió.
쩌이 꼬 지오

시간과 날씨

비가 옵니다. 폭풍우입니다.
Trời mưa và có bão.
쩌이 므어 바 꼬 바오

장마철입니다.
Bây giờ là mùa mưa.
버이 져 라 무어 므어

비가 많이 옵니다.
Trời mưa to.
쪄이 므어 또

오늘은 춥습니다.
Thời tiết hôm nay lạnh.
터이 띠엣 홈 나이 라잉

눈이 내립니다.
Tuyết rơi.
뚜이엣 져이

날씨가 우중충합니다.
Thời tiết âm u.
터이 띠엣 엄 우

눈이 많이 내립니다.
Tuyết rơi nhiều.
뚜이엣 져이 니에우

53

제2장   7. 날씨 표현 2

주요표현

A : Theo dự báo thời tiết ngày mai trời mưa.
테오 즈 바오 터이 띠엣 응아이 마이 쩌이 므어

B : Thế à? Anh nhớ mang theo ô.
테 아 아잉 녀 망 태오 오

A : 일기예보에서 내일 비가 온다고 합니다.
B : 정말요? 우산 잊지 말아요.

오늘 일기예보는 어때요?

Hôm nay dự báo thời tiết thế nào?
홈 나이 즈 바오 터이 띠엣 테 나오

지금은 맑은 하늘입니다.

Bây giờ trời nắng.
버이 져 쩌이 낭

오후는 흐릴 것입니다.

Nhưng có lẽ buổi chiều có mây.
니응 꼬 래 부오이 찌에우 꼬 머이

내일은 비가 온다고 합니다.

Tôi nghe nói là ngày mai trời sẽ mưa.
또이 응애 노이 라 응아이 마이 쩌이 쌔 므어

다음주부터는 우기입니다.

Từ tuần sau là mùa mưa.
뜨 뚜언 싸우 라 무어 므어

시간과 날씨

건기에는 비가 거의 안 와요.

Vào mùa khô, trời thường không mưa.

바오 무어 코 쩌이 트엉 콩 므어

장마 후에는 더워질 겁니다.

Sau mùa mưa trời trở nên nóng.

싸우 무어 므어 쩌이 쩌 넨 농

다음 달에는 태풍이 온다고 합니다.

Nghe nói tháng sau có bão.

응애 노이 탕 싸우 꼬 바오

태풍에 주의해야 합니다.

Chúng ta phải chú ý khi có bão.

쭝 따 파이 쭈 이 키 꼬 바오

여기 겨울은 춥습니까?

Mùa đông ở đây có lạnh không?

무어 동 어 더이 꼬 라잉 콩

베트남은 북에서 남이 매우 긴 나라로 북부와 남부의 기후가 다릅니다. 베트남 남부의 기후는 열대기후로 적도 부근에 위치한 지리적 특성상 1년 내내 무더운 여름 날씨가 이어집니다. 하지만 하노이와 호찌민 지역을 비교해 봤을 때 남부 호찌민 지역이 거주하기에 좀 더 쾌적하다고 합니다. 남부지역은 열대기후지만 건기와 우기 계절이 있어 우기 때는 하루에 한 번씩 열대스콜(소나기)이 내려 서늘해지고, 습도가 낮아 쾌적하다고 합니다. 반면에 북부 하노이 지방은 기온이 남부보다 높지는 않지만 습도가 매우 높아 찜통 더위가 지속되기 때문입니다.

제2장 8. 자연재해

> A : Trời mưa to kinh khủng.
> 쩌이 므어 또 낑 쿵
>
> B : Đúng vậy. Hình như núi sắp sụp đổ.
> 둥 버이 힌 뉴 누이 쌉 쑵 도
>
> A : 굉장한 비네요.
> B : 그렇네요. 산이 무너질 것 같아요.

태풍이 상륙한다고 합니다.

Nghe nói sắp có bão.

응애 노이 쌉 꼬 바오

태풍 피해는 없었습니까?

Có thiệt hại do cơn bão này không?

꼬 티엣 하이 조 껀 바오 나이 콩

바람이 무척 세게 붑니다.

Gió mạnh quá.

죠 마잉 꾸아

이 지역은 지진이 자주 발생합니다.

Vùng này hay xảy ra động đất.

붕 나이 하이 싸이 자 동 덧

해일의 위험은 없습니다.

Không có nguy hiểm triều cường.

콩 꼬 응우이 히엠 찌에우 끄엉

시간과 날씨

홍수로 인한 피해가 속출하고 있습니다.

Thiệt hại do lũ lụt liên tục phát sinh.
티엣 하이 조 루 룻 리엔 뚝 팟 씽

눈사태가 일어났습니다.

Xảy ra tuyết lở.
싸이 자 뚜이엣 러

가뭄이 계속되어서 농작물이 말라붙고 있습니다.

Hoa màu ngày càng khô héo do hạn hán xảy ra liên tục.
호아 마우 응아이 깡 코 해오 조 한 한 싸이 자 리엔 뚝

지금 밖에는 천둥 번개가 칩니다.

Bây giờ ngoài trời đang có sấm sét.
버이 져 응오아이 쩌이 당 꼬 썸 쌧

이 지역은 겨울에 자주 냉해 피해를 입습니다.

Vào mùa đông, vùng này thường hay bị thiệt hại do thời tiết lạnh gây ra.
바오 무어 동 붕 나이 트엉 하이 비 티엣 하이 조 터이 띠엣 라잉 거이 자

이렇게 안개가 심하면 나가기 불편합니다.

Sương mù dày đặc nên bất tiện khi đi ra ngoài.
쓰엉 무 자이 닥 넨 벗 띠엔 키 디 자 응오아이

57

관련단어

날씨

nhiệt độ	니엣 도	온도, 기온
mặt trời	맛 쩌이	태양
nắng	낭	맑은
mặt trăng	맛 짱	달
sao	싸오	별
mây	머이	구름
có mây	꼬 머이	구름 낀
sương mù	쓰엉 무	안개
có sương mù	꼬 쓰엉 무	안개 낀
sương	쓰엉	이슬
mưa phùn	므어 푼	이슬비
mưa	므어	비
mưa rào	므어 자오(라오)	소나기
mưa to	므어 또	폭우(=mưa lớn 므어 런)
lũ lụt	루 룻	홍수
sấm	썸	천둥
sét	쌧	번개
gió	죠(요)	바람
có gió	꼬 죠(요)	바람 분다
gió đột xuất	죠(요) 돗 쑤엇	돌풍
tuyết	뚜이엣	눈
có tuyết	꼬 뚜이엣	눈이 온다
tuyết rơi	뚜이엣 저이(러이)	눈이 내린다
đá	다	얼음
mưa đá	므어 다	우박
độ ẩm	도 엄	습기

.... 시간과 날씨

숫자(기수)

một	못	1
hai	하이	2
ba	바	3
bốn	본	4
năm	남	5
sáu	싸우	6
bảy	바이	7
tám	땀	8
chín	찐	9
mười	므어이	10
mười một	므어이 못	11
mười hai	므어이 하이	12
mười ba	므어이 바	13
mười bốn	므어이 본	14
mười lăm	므어이 람	15
mười sáu	므어이 싸우	16
mười bảy	므어이 바이	17
mười tám	므어이 땀	18
mười chín	므어이 찐	19
hai mươi	하이 므어이	20
hai mươi mốt	하이 므어이 못	21
ba mươi	바 므어이	30
ba mươi mốt	바 므어이 못	31
bốn mươi	본 므어이	40
năm mươi	남 므어이	50
sáu mươi	싸우 므어이	60

관련단어

bảy mươi	바이 므어이	70
tám mươi	땀 므어이	80
chín mươi	찐 므어이	90
một trăm	못 짬	100
hai trăm	하이 짬	200
một nghìn	못 응인	1,000
		(=một ngàn 못 응안)
mười nghìn	므어이 응인	10,000

숫자(서수)

thứ nhất	트 녓	첫 번째
thứ hai	트 하이	두 번째
thứ ba	트 바	세 번째
thứ tư	트 뜨	네 번째
thứ năm	트 남	다섯 번째
thứ sáu	트 싸우	여섯 번째
thứ bảy	트 바이	일곱 번째
thứ tám	트 땀	여덟 번째
thứ chín	트 찐	아홉 번째
thứ mười	트 므어이	열 번째

년

năm	남	년
năm trước	남 쯔억	작년(=năm ngoái
	남 응오아이)	
năm nay	남 나이	올해
năm sau	남 싸우	내년(=sang năm 쌍 남)

시간과 날씨

월

tháng1	탕못	1월(=tháng giêng 탕 젱)
tháng2	탕하이	2월
tháng3	탕바	3월
tháng4	탕뜨/본	4월
tháng5	탕남	5월
tháng6	탕싸우	6월
tháng7	탕바이/버이	7월
tháng8	탕땀	8월
tháng9	탕찐	9월
tháng10	탕므어이	10월
tháng11	탕므어이못	11월
tháng12	탕므어이하이	12월
		(=tháng chạp 탕 짭)

날짜

tuần	뚜언	주
tuần trước	뚜언 쯔억	지난주
tuần này	뚜언 나이	이번주
tuần sau	뚜언 싸우	다음주
thứ hai	트 하이	월요일
thứ ba	트 바	화요일
thứ tư	트 뜨	수요일
thứ năm	트 남	목요일
thứ sáu	트 싸우	금요일
thứ bảy	트 바이	토요일
chủ nhật	쭈 녓	일요일

 **관련단어**

ngày	응아이	날, 일(=hôm 홈)
hôm nay	홈 나이	오늘
hôm qua	홈 꾸아	어제
ngày mai	응아이 마이	내일
ngày kia	응아이 끼아	모레 (=ngày mốt 응아이 못)

시간

thời gian	터이 쟌	시간
buổi sáng	부오이 쌍	아침
buổi trưa	부오이 쯔어	점심, 정오
buổi chiều	부오이 찌에우	오후
buổi tối	부오이 또이	저녁
buổi đêm	부오이 뎀	밤
đêm khuya	뎀 쿠이야	심야, 미드나잇
giây	져이	초
phút	풋	분
giờ	져	시
tiếng	띠엥	시간(시간을 셀 때)

3장

의견·감정·관심

1. 긍정의 표현
2. 맞장구 치기
3. 부정의 표현
4. 기쁠 때
5. 기분이 좋지 않을 때
6. 화나거나 놀랐을 때
7. 실망, 불만일 때
8. 위로할 때
9. 칭찬할 때
10. 사과할 때
11. 감사할 때
12. 허락, 허가의 표현
13. 거절할 때
14. 부탁할 때
15. 외모에 대한 표현
16. 성격에 대한 표현
17. 호감을 나타낼 때

Vietnamese

제3장 1. 긍정의 표현

주요표현

A : Tôi nghĩ anh ta là một ca sĩ dở.
또이 응이 아잉 따 라 못 까 시 져

B : Tôi cũng nghĩ vậy.
또이 꿍 응이 버이

A : 그는 형편없는 가수예요.
B : 저도 그렇게 생각합니다.

좋습니다.

Tốt.
똣

네, 좋아요.

Vâng, được rồi.
벙 드억 조이

네, 정말입니다.

Vâng, thật.
벙 텃

그렇게 생각합니다.

Tôi nghĩ như thế.
또이 응이 뉴 테

찬성합니다.

Tôi tán thành.
또이 딴 타잉

의견 · 감정 · 관심

그렇습니다.

Đúng vậy.

둥 버이

물론입니다.

Tất nhiên rồi.

떳 니엔 조이

동감입니다.

Tôi đồng cảm với anh.

또이 동 깜 버이 아잉

당신 말이 맞습니다.

Anh nói đúng.

아잉 노이 둥

그것도 일리가 있습니다.

Điều đó cũng hợp lý.

디에우 도 꿍 헙 리

그것은 당연합니다.

Đó là điều dĩ nhiên.

도 라 디에우 지 니엔

저도 동의합니다.

Tôi cũng đồng ý.

또이 꿍 동 이

제3장 2. 맞장구 치기

> A : Tôi nghe nói Lan ở bộ phận kinh doanh sắp kết hôn.
> 또이 응애 노이 란 어 보 펀 낑 조아잉 쌉 껫 혼
>
> B : Ôi, thế à?
> 오이 테 아
>
> A : 영업부의 란 씨가 결혼한대요.
> B : 어머나, 그래요?

정말입니까?

Có thật không?
꼬 텃 콩

그래, 맞아.

Ừ, đúng thế.
으 둥 테

그렇고말고요.

Đúng vậy mà.
둥 버이 마

맞습니다.

Đúng rồi.
둥 조이

정말 그러네요.

Thật là thế vậy nhỉ.
텃 라 테 버이 니

의견 • 감정 • 관심

과연 그렇군요.

Quả đúng là như thế.

꾸아 둥 라 뉴 테

그렇죠!

Đúng vậy!

둥 버이

그거야 물론이죠.

Điều đó là tất nhiên rồi.

디에우 도 라 떳 니엔 조이

아마 그렇겠죠?

Có lẽ là như vậy chứ?

꼬 래 라 뉴 버이 쯔

역시 그렇군요.

Cũng là thế.

꿍 라 테

아, 그렇군요.

À, thế à.

아 테 아

그래요?

Vậy à?

버이 아

67

제3장 3. 부정의 표현

> A : Số này có đúng không?
> 쏘 나이 꼬 둥 콩
>
> B : Không, sai rồi.
> 콩 싸이 조이
>
> A : 이 번호 맞습니까?
> B : 아니요, 틀립니다.

전혀 다릅니다.
Sai hoàn toàn.
싸이 호안 또안

아마 다르겠죠?
Có lẽ là khác?
꼬 래 라 칵

그렇게 생각하지 않습니다.
Tôi không nghĩ như thế.
또이 콩 응이 뉴 테

아니요, 그렇지 않습니다.
Không, không phải là như vậy.
콩 콩 파이 라 뉴 버이

아니요, 아직입니다.
Chưa, chưa được.
쯔어 쯔어 드억

의견 · 감정 · 관심

아뇨, 이제 됐습니다.

Thôi, thôi được rồi.

토이 토이 드억 조이

안 됩니다.

Không được ạ.

콩 드억 아

그건 안 되겠어요.

Không thể được đâu.

콩 테 드억 더우

그 의견에는 동의하기 어렵습니다.

Tôi không đồng ý với ý kiến đó.

또이 콩 동 이 버이 이 끼엔 도

저의 생각과는 다릅니다.

Điều này khác với suy nghĩ của tôi.

디에우 나이 칵 버이 쑤이 응이 꾸어 또이

당신 말은 틀렸습니다.

Anh nói sai rồi.

아잉 노이 싸이 조이

반대입니다.

Tôi phản đối.

또이 판 도이

제3장 4. 기쁠 때

> A : Em đã thi đỗ rồi.
> 앰 다 티 도 조이
>
> B : Tốt quá!
> 똣 꾸아
>
> A : 저 시험에 붙었어요.
> B : 정말 잘되었군요!

저는 오늘 매우 기쁩니다.

Hôm nay em vui quá.
홈 나이 앰 부이 꾸아

정말 너무 기쁩니다.

Thật vui quá.
텃 부이 꾸아

정말 대단해요! 축하합니다.

Giỏi quá nhỉ! Chúc mừng.
죠이 꾸아 니 쭉 믕

감동했습니다.

Tôi cảm động lắm.
또이 깜 동 람

이것은 정말 좋은 소식입니다.

Đây thật là một tin lành.
더이 텃 라 못 띤 라잉

의견 • 감정 • 관심

행복합니다.

Hạnh phúc lắm.

하잉 푹 람

저는 기뻐서 잠도 잘 못 잤습니다.

Tôi vui đến mức không thể ngủ chút nào được.

또이 부이 덴 믁 콩 테 응우 쭛 나오 드억

그거 다행이네요.

May quá nhỉ.

마이 꾸아 니

기분 좋아.

Tâm trạng vui lắm.

떰 짱 부이 람

됐다!

Được rồi!

드억 조이

운이 좋았어요.

May mắn quá.

마이 만 꾸아

오늘은 운이 좋네요.

Hôm nay may quá.

홈 나이 마이 꾸아

제3장　5. 기분이 좋지 않을 때

> A : Đêm qua, ông tôi đã mất.
> 뎀 꾸아 옹 또이 다 멋
>
> B : Tôi vô cùng thương tiếc.
> 또이 보 꿍 트엉 띠엑
>
> A : 어젯밤에 할아버지가 돌아가셨습니다.
> B : 유감이네요.

아, 슬프다.

Ôi, buồn quá.
오이 부온 꾸아

슬퍼서 가슴이 아파.

Tôi đau lòng lắm.
또이 다우 롱 람

괴로워서 참을 수가 없어요.

Tôi đau đớn đến mức không thể chịu đựng được.
또이 다우 던 덴 믁 콩 테 찌우 등 드억

슬픈 표정을 하고 있네.

Trông em có vẻ buồn.
쫑 앰 꼬 배 부온

우울해.

Chán nản quá.
짠 난 꾸아

의견 • 감정 • 관심

왠지 쓸쓸해지네.

Không biết tại sao cảm thấy cô đơn nhỉ.

콩 비엣 따이 싸오 깜 터이 꼬 던 니

절망적이야.

Vô vọng thật.

보 봉 텃

내 마음은 아무도 몰라.

Không ai hiểu cho tôi.

콩 아이 히에우 쪼 또이

울고 싶어.

Muốn khóc lắm.

무온 콕 람

눈물이 안 멈춰.

Nước mắt chảy liên tục.

느억 맛 짜이 리엔 뚝

제 마음이 답답합니다.

Tôi thấy bực bội lắm.

또이 터이 븍 보이 람

제 마음은 지금 쓸쓸합니다.

Bây giờ tôi đang buồn chán lắm.

버이 져 또이 당 부온 짠 람

제3장 6. 화나거나 놀랐을 때

> **A :** Nghe nói, tòa nhà gần đây bị cháy.
> 응애 노이 또아 냐 건 더이 비 짜이
>
> **B :** Thật à?
> 텃 아
>
> A : 근처 빌딩에서 화재가 났다고 해요.
> B : 정말이에요?

아, 놀랐어.

À, bất ngờ quá.
아 벗 응어 꾸아

깜짝 놀랐잖아요!

Giật cả mình!
젓 까 밍

놀래키지 마.

Đừng làm cho tôi giật mình.
등 람 쪼 또이 젓 밍

전혀 금시초문인데요.

Đến bây giờ mới nghe thấy lần đầu.
덴 버이 져 머이 응애 터이 런 더우

정말 믿을 수가 없네요.

Thật là không tin được.
텃 라 콩 띤 드억

의견 • 감정 • 관심

화가 나!

Giận quá!
젼 꾸아

신경질 나!

Bực mình quá!
븍 밍 꾸아

열 받네!

Tức điên lên rồi!
뜩 디엔 렌 조이

어지간히 해.

Làm tương đối thôi.
람 뜨엉 도이 토이

더 참을 수 없어.

Không thể chịu được nữa.
콩 테 찌우 드억 느어

쓸데없는 간섭이야.

Can thiệp vô ích.
깐 티엡 보 익

하느님 맙소사!

Trời ơi!
쩌이 어이

제3장 7. 실망, 불만일 때

> A : À trời ơi!
> 아 쩌이 어이
>
> B : Có chuyện gì vậy?
> 꼬 쭈이엔 지 버이
>
> A : 아, 맙소사!
> B : 무슨 일이야?

아, 큰일이다!
Trời đất, chuyện lớn rồi.
쩌이 덧 쭈이엔 런 조이

이거 정말 싫어요.
Tôi ghét cái này.
또이 갯 까이 나이

졌다.(포기한다.)
Tôi đã bó tay rồi.
또이 다 보 따이 조이

이거 별로다.
Cái này không tốt cho lắm.
까이 나이 콩 똣 쪼 람

나 이제 끝장이다!
Chết tôi rồi!
쩻 또이 조이

의견 · 감정 · 관심

어떡하지?

Làm thế nào?

람 테 나오

기가 막혀!(믿을 수 없다.)

Thật không thể tin được!

텃 콩 테 띤 드억

이제 지겨워.

Bây giờ tôi đã chán ngấy rồi.

버이 져 또이 다 짠 응어이 조이

싫증났다.

Chán rồi.

짠 조이

이제 더 이상 참을 수 없다. 나를 괴롭히지 마!

Tôi không thể chịu đựng thêm nữa. Đừng chọc ghẹo tôi!

또이 콩 태 찌우 등 템 느어 등 쪽 개오 또이

진정하세요!

Hãy bình tĩnh lại!

하이 빙 띵 라이

제3장 8. 위로할 때

주요표현

A : Tại sao trông anh lại buồn thế?
따이 싸오 쫑 아잉 라이 부온 테

B : Vì tôi thi trượt.
비 또이 디 쯔엇

A : 왜 풀이 죽어 있어요?
B : 시험에 떨어졌어요.

딱하게 됐군요.

Tội nghiệp quá.
또이 응이엡 꾸아

유감입니다!

Tiếc quá!
띠엑 꾸아

힘내세요!

Cố lên!
꼬 렌

당신은 용기가 있잖아요.

Anh là người dũng cảm mà.
아잉 라 응어이 중 깜 마

실망하지 말아요.

Đừng thất vọng nhé.
등 텃 봉 녜

의견 · 감정 · 관심

화내지 말아요.

Đừng giận nhé.
등 젼 녜

그렇게 슬퍼하지 말아요.

Đừng buồn như vậy nhé.
등 부온 니으 버이 녜

기회는 많아요.

Cơ hội vẫn nhiều mà.
꺼 호이 번 니에우 마

인생을 긍정적으로 보세요.

Hãy sống tích cực hơn.
하이 쏭 띡 끅 헌

신경 쓰지 마세요.

Xin đừng bận tâm.
씬 등 번 떰

'đừng+동사'는 '~하지 마세요'라는 금지를 나타내는 표현입니다. 어감을 좀 더 부드럽게 하기 위해서 문장 끝에 nhé를 붙일 수 있습니다. 또한 문장 앞에 붙어 정중함을 나타내는 xin과 함께 쓰여 'xin đừng~(~하지 마십시오)'라는 표현이 되기도 합니다.

Xin đừng lo. 걱정 마세요.
Đừng nói to nhé. 시끄럽게 하지 마세요.

제3장 9. 칭찬할 때

주요표현

A : Bánh ga tô này do tôi làm.
바잉 가 또 나이 조 또이 람

B : Tuyệt quá! Trông ngon lắm.
뚜이엣 꾸아 쫑 응온 람

A : 이 케이크 제가 만든 것입니다만.
B : 대단하군요! 맛있겠는걸.

대단하네요!

Bạn khéo tay quá!
반 캐오 따이 꾸아

훌륭하네요!

Thật là giỏi!
텃 라 죠이

잘 어울리시네요.

Rất vừa với bạn.
젓 브어 버이 반

재미있는 분이시네요.

Anh là một người rất thú vị.
아잉 라 못 응어이 젓 투 비

매우 성실한 분이시네요.

Anh là một người rất trung thực.
아잉 라 못 응어이 젓 쭝 특

의견 • 감정 • 관심

정말 친절하시네요.

Anh tốt quá.
아잉 똣 꾸아

꽤 유능하시네요.

Anh là một người có năng lực.
아잉 라 못 응어이 꼬 낭 륵

오늘 너무 아름답습니다!

Sao hôm nay đẹp thế!
싸오 홈 나이 뎁 테

매너가 좋으시네요.

Anh ga lăng quá nhỉ.
아잉 가 랑 꾸아 니

잘했습니다.

Chị làm tốt lắm.
찌 람 똣 람

멋있어 보여요.

Trông sành điệu thế.
쫑 싸잉 디에우 테

나는 당신이 자랑스럽습니다.

Tôi rất tự hào về anh.
또이 젓 뜨 하오 베 아잉

제3장 10. 사과할 때

주요표현

A : Anh Kim ơi! Có chuyện gì?
아잉 김 어이 꼬 쭈이엔 지

B : Xin lỗi, tôi đã dậy muộn.
씬 로이 또이 다 저이 무온

A : 미스터 김! 어찌 된 거야?
B : 죄송합니다, 늦잠을 잤습니다.

늦어서 미안합니다.

Xin lỗi vì đã đến muộn.
씬 로이 비 다 덴 무온

약속에 늦어서 미안해요.

Xin lỗi vì trễ hẹn.
씬 로이 비 쩨 핸

대단히 죄송합니다.

Thành thật xin lỗi.
타잉 텃 씬 로이

고의가 아니었습니다.

Tôi đã không cố ý.
또이 다 콩 꼬 이

저의 책임입니다.

Đó là trách nhiệm của tôi.
도 라 짜익 니엠 꾸어 또이

의견 • 감정 • 관심

내 실수입니다, 미안해요.

Tôi có lỗi, xin lỗi.
또이 꼬 로이 씬 로이

우리의 사과를 받아주세요.

Xin anh hãy chấp nhận lời xin lỗi của chúng tôi.
씬 아잉 하이 쩝 년 러이 씬 로이 꾸어 쭝 또이

부디 한 번만 봐주세요.

Xin cô hãy bỏ qua cho.
씬 꼬 하이 버 꾸아 쪼

다시는 그런 일이 없을 겁니다.

Việc đó sẽ không bao giờ xảy ra.
비엑 도 쌔 콩 바오 져 싸이 자

괜찮습니다. 걱정 마세요.

Không sao. Xin đừng lo.
콩 싸오 씬 등 로

베트남어로 사과하거나 양해를 구할 때는 'xin lỗi(미안합니다, 실례합니다)'가 가장 알맞은 표현입니다. 하지만 실제로 베트남 사람들은 막상 사과를 할 경우가 있을 때 'xin lỗi'라는 표현을 잘 쓰지 않는 편입니다. 특히 베트남 남자들은 더욱 그렇습니다. 대신 겸연쩍은 듯 웃거나 매우 미안할 때에는 'Xin thông cảm.(양해해 주세요.)'라는 말을 많이 씁니다. 이와 같은 현상은 수많은 전쟁과 외국의 침략을 받았던 베트남의 특성상 자신의 잘못을 인정하면 큰 피해를 입어왔던 베트남 사람들의 아픈 역사를 보여주는 단면입니다.

제3장 11. 감사할 때

> **주요표현**
>
> A : Xin cám ơn.
> 씬 깜 언
>
> B : Không có gì.
> 콩 꼬 지
>
> A : 감사합니다.
> B : 천만에요.

고마워.

Cám ơn.
깜 언

대단히 감사합니다!

Xin trân trọng cám ơn!
씬 쩐 쫑 깜 언

감사 드립니다.

Xin cám ơn.
씬 깜 언

정말 감사합니다.

Cám ơn rất nhiều.
깜 언 젓 니에우

도움에 감사 드립니다.

Cám ơn anh đã giúp đỡ.
깜 언 아잉 다 지웁 더

의견 • 감정 • 관심

열렬한 환대에 감사 드립니다.

Cám ơn chị đã đón tiếp nhiệt tình.

깜 언 찌 다 돈 띠엡 니엣 띵

선물 감사합니다.

Cám ơn đã tặng quà.

깜 언 다 땅 꾸아

여러분께 진심 어린 감사의 말씀을 전합니다.

Xin gửi lời cám ơn chân thành tới các anh chị.

씬 그이 러이 깜 언 쩐 타잉 떠이 깍 아잉 찌

별말씀을.

Không có gì.

콩 꼬 지

저의 기쁨입니다.

Đó là niềm vui của tôi.

도 라 니엠 부이 꾸어 또이

신경 쓰지 마세요.

Xin đừng bận tâm.

씬 등 번 떰

정말 괜찮습니다.

Không sao đâu.

콩 사오 더우

제3장 12. 허락, 허가의 표현

> A : Tôi lái xe chậm lại được không?
> 또이 라이 쌔 쩜 라이 드억 콩
>
> B : Không được, nguy hiểm lắm, dừng xe đi!
> 콩 드억 응우이 히엠 람 증 쌔 디
>
> A : 천천히 운전하면 되겠지요?
> B : 안 돼, 위험해, 차 세워!

여기서 담배 피워도 됩니까?
Ở đây tôi được phép hút thuốc không?
어 더이 또이 드억 팹 훗 투옥 콩

네, 그러세요.
Dạ, được.
자 드억

아니요, 안 됩니다.
Không, không được.
콩 콩 드억

여기는 금연구역입니다.
Chỗ này là nơi cấm hút thuốc.
쪼 나이 라 너이 껌 훗 투옥

여기서 사진 찍어도 됩니까?
Ở đây tôi chụp ảnh được không ạ?
어 더이 또이 쭙 아잉 드억 콩 아

의견 · 감정 · 관심

여기는 사진촬영이 금지되어 있습니다.

Ở đây không được chụp ảnh.

어 더이 콩 드억 쭙 아잉

제발 그러지 마세요.

Xin đừng như thế này.

씬 등 니으 테 나이

잔디에 들어가지 마세요.

Đừng dẫm lên cỏ.

등 점 렌 꼬

주차 금지.

Cấm đỗ xe.

껌 도 쌔

들어가지 마세요.

Xin đừng đi vào.

씬 등 디 바오

제3장 13. 거절할 때

> A : Tôi chụp ảnh ở đây, được không?
> 또이 쭙 아잉 어 더이 드억 콩
>
> B : Không được ạ.
> 콩 드억 아
>
> A : 여기서 사진 찍어도 됩니까?
> B : 그건 좀 곤란합니다.

미안하지만 안 됩니다.

Xin lỗi nhưng không được.

씬 로이 늉 콩 드억

안 될 것 같습니다.

Có lẽ không được.

꼬 래 콩 드억

죄송하지만 오늘은 약속이 있어서요.

Xin lỗi nhưng tôi hôm nay có cuộc hẹn khác rồi.

씬 로이 늉 또이 홈 나이 꼬 꾸옥 핸 칵 조이

유감스럽지만 갈 수 없습니다.

Tôi rất tiếc là không thể đến được.

또이 젓 띠엑 라 콩 테 덴 드억

그건 곤란합니다.

Việc đó thì hơi khó.

비엑 도 티 허이 코

의견 · 감정 · 관심

거절하겠습니다.

Tôi xin được từ chối.

또이 씬 드억 뜨 쪼이

그 이상은 무리입니다.

Hơi qua so với khả năng của tôi.

허이 꾸아 쏘 버이 카 낭 꾸어 또이

이 건물은 출입 금지입니다.

Tòa nhà này cấm vào.

또아 냐 나이 껌 바오

좀 생각할 여유를 주세요.

Để tôi nghĩ một chút.

데 또이 응이 못 쭛

내일 다시 답을 드리겠습니다.

Ngay mai tôi sẽ trả lời.

응아이 마이 또이 쌔 짜 러이

제3장 14. 부탁할 때

주요표현

A : Anh có thể cho tôi mượn 100.000 đồng được không?
아잉 꼬 테 쪼 또이 므언 못짬응인 동 드억 콩

B : Được, đây ạ.
드억 더이 아

A : 십만 동 빌릴 수 있을까요?
B : 네, 그럼요. 여기 있습니다.

이 전화 써도 되나요?

Tôi có thể sử dụng điện thoại này được không?
또이 꼬 테 쓰 중 디엔 토아이 나이 드억 콩

네, 짧게 통화해 주세요.

Được, xin nói ngắn gọn.
드억 씬 노이 응안 곤

이 사전 빌릴 수 있을까요?

Tôi có thể mượn cuốn từ điển này được không?
또이 꼬 테 므언 꾸온 뜨 디엔 나이 드억 콩

네, 이 책을 빌려드리겠습니다.

Được, sách này mượn được.
드억 싸익 나이 므언 드억

아니요, 그럴 수 없어요. 미안합니다.

Xin lỗi, sách này không mượn được.
씬 로이 싸익 나이 콩 므언 드억

의견 • 감정 • 관심

네, 그러세요.

Dạ được.

자 드억

돈 좀 빌려주세요.

Cho tôi mượn tiền một chút.

쪼 또이 므언 띠엔 못 쭛

급합니다.

Vội quá.

보이 꾸아

얼마나 필요합니까?

Chị cần bao nhiêu?

찌 껀 바오 니에우

휴대폰 빌려주실 수 있나요?

Cô có thể cho tôi mượn điện thoại di động được không?

꼬 꼬 태 쪼 또이 므언 디엔 토아이 지 동 드억 콩

---

mượn은 '빌리다'라는 뜻을 나타내는 동사입니다. 상대방이나 공공 소유의 물건을 대가를 지불하지 않고 빌릴 때 사용합니다. '누구에게 빌려주다'라는 표현은 'cho + 누구 + mượn'이라고 합니다. mượn 이외에도 '빌리다'라는 뜻을 가진 단어가 더 있습니다.

thuê와 vay인데, thuê는 건물이나 차를 임대할 때 쓰고, vay는 돈을 빌릴 때, 주로 자금을 융자받을 때 사용합니다.

제3장 15. 외모에 대한 표현

A : Người béo kia là ai đấy?
응어이 배오 끼아 라 아이 더이

B : Đó là anh Hiệp, giám đốc của tôi.
도 라 아잉 히엡 잠 독 꾸어 또이

A : 저 뚱뚱한 사람은 누구입니까?
B : 저희 사장님이신 히엡 씨입니다.

당신의 여자친구는 어떻게 생겼어요?

Hình dáng của bạn gái anh thế nào?
힝 장 꾸어 반 가이 아잉 테 나오

그녀는 날씬합니다.

Cô ấy rất thon thả.
꼬 어이 젓 톤 타

그녀는 피부가 곱습니다.

Làn da cô ấy thật đẹp.
란 자 꼬 어이 텃 뎁

그녀는 착하고 배려가 깊습니다.

Cô ấy hiền và chu đáo.
꼬 어이 히엔 바 쭈 다오

그녀는 S라인 몸매입니다.

Cô ấy sở hữu thân hình chữ S.
꼬 어이 써 흐우 턴 힝 쯔 엣

의견 • 감정 • 관심

당신의 체중은 어떻게 되나요?

Anh cân nặng bao nhiêu?

아잉 껀 낭 바오 니에우

나는 말랐습니다.

Tôi gầy lắm.

또이 거이 람

신장이 어떻게 되세요?

Anh cao bao nhiêu?

아잉 까오 바오 니에우

저는 1미터 80입니다.

Tôi 1 mét 80.

또이 못 맷 땀므어이

나는 키가 큽[작습]니다.

Tôi khá cao[thấp].

또이 카 까오[텁]

베트남은 더운 날씨 때문에 잠시만 야외 활동을 해도 햇빛에 그을리기가 쉽습니다. 그래서 베트남 사람들의 피부는 우리나라 사람들에 비해 약간 까무잡잡한 편입니다. 날씨 때문에 하얀 피부가 드물기에 베트남에서는 하얀 피부가 미의 기준입니다. 그래서 베트남 사람들은 피부가 '까매졌다'라는 말을 들으면 싫어할 뿐만 아니라, 아가씨들은 거리에 다닐 때 피부가 햇볕에 타서 검어지지 않도록 모자, 장갑, 토시, 마스크 등을 항상 착용하고 다닙니다.

제3장

16. 성격에 대한 표현

주요표현

A : Anh Trung là một người như thế nào?
아잉 쭝 라 못 응어이 뉴 테 나오

B : Anh ấy rất vui tính và cởi mở.
아잉 어이 젓 부이 띵 바 꺼이 머

A : 쭝 씨는 어떤 사람입니까?
B : 굉장히 밝은 사람입니다.

그의 성격은 어떻습니까?

Tính cách của anh ấy thế nào?
띵 까익 꾸어 아잉 어이 테 나오

마음이 따듯한 사람이에요.

Anh ấy là một người rất tốt bụng.
아잉 어이 라 못 응어이 젓 똣 붕

친절한 사람입니다.

Rất tử tế.
젓 뜨 떼

성격이 급한 편입니다.

Tính tình hơi nóng vội.
띵 띵 허이 농 보이

완벽주의자입니다.

Anh ấy là người theo chủ nghĩa hoàn hảo.
아잉 어이 라 응어이 태오 쭈 응이아 호안 하오

의견 · 감정 · 관심

그녀는 꼼꼼합니다.

Cô ấy rất chu đáo.

꼬 어이 젓 쭈 다오

그다지 사교적이 아닙니다.

Anh ta không phải là người cởi mở.

아잉 따 콩 파이 라 응어이 꺼이 머

장난꾸러기입니다.

Anh ấy hay đùa.

아잉 어이 하이 두어

그녀는 수줍음을 많이 탑니다.

Cô ấy hay ngại.

꼬 어이 하이 응아이

그는 굉장히 심술궂은 성격입니다.

Anh ta là người thích quấy nhiễu người khác.

아잉 따 라 응어이 틱 꾸어이 니에우 응어이 칵

저의 성격은 비교적 내성적입니다.

Tôi là người hướng nội.

또이 라 응어이 흐엉 노이

그는 사리에 밝은 사람입니다.

Anh ấy rất thông minh.

아잉 어이 젓 통 밍

제3장 17. 호감을 나타낼 때

> **주요표현**
>
> A : Cô Hà ơi, hôm nay cô có thời gian không?
> 꼬 하 어이 홈 나이 꼬 꼬 터이 지안 콩
>
> B : Có, có chuyện gì?
> 꼬 꼬 쭈이엔 지
>
> A : 하 씨, 오늘 시간 있나요?
> B : 네, 무슨 일인가요?

오늘 저녁 시간 있어요?
Vào tối nay cô có thời gian không?
바오 또이 나이 꼬 꼬 터이 지안 콩

무슨 일인데요?
Có việc gì?
꼬 비엑 지

저녁식사 같이 합시다.
Ăn tối với tôi được không?
안 또이 버이 또이 드억 콩

오늘 저녁에는 선약이 있습니다.
Tối nay tôi có cuộc hẹn trước rồi.
또이 나이 또이 꼬 꾸옥 핸 쯔억 조이

내일 저녁은 어때요?
Tối mai thế nào?
또이 마이 테 나오

의견 • 감정 • 관심

무엇을 원하는지 말씀해 주세요.

Anh hãy nói thật anh muốn nói gì.
아잉 하이 노이 텃 아잉 무온 노이 지

당신을 매우 좋아합니다.

Tôi rất thích cô.
또이 젓 틱 꼬

진지하게 사귀고 싶습니다.

Tôi muốn được làm quen với cô.
또이 무온 드억 람 꾸앤 버이 꼬

우리 함께 할 수 있을까요?

Chúng ta đến với nhau có được không?
쭝 따 덴 버이 냐우 꼬 드억 콩

저와 데이트하고 싶은신 건가요?

Anh muốn hẹn hò với em à?
아잉 무온 핸 호 버이 앰 아

안타깝게도 저는 이미 약혼했어요.

Rất tiếc là em đã đính hôn rồi.
젓 띠엑 라 앰 다 딩 혼 조이

사귀는 사람은 있어요?

Cô có người yêu chưa?
꼬 꼬 응어이 이에우 쯔어

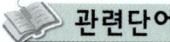

관련단어

감정 표현

tình cảm	띵 깜	감정
cảm giác	깜 쟉(약)	느낌
tình yêu	띵 이에우	사랑
yêu	이에우	사랑하다
thích	틱	좋아하다
hạnh phúc	하잉(한) 푹	행복한
vui vẻ	부이 배	즐거운
vui mừng	부이 믕	즐거운
sung sướng	쑹 쓰엉	기쁜
kỳ lạ	끼 라	놀라운
kinh ngạc	낑 응악	경악한, 놀랜
kỳ diệu	끼 지에우(이에우)	환상적인
tuyệt	뚜이엣	굉장한
hay	하이	좋은
u uất	우 우엇	우울한
sợ hãi	써 하이	공포스러운
buồn rầu	부언 저우(러우)	침통한
đau khổ	다우 코	참담한
sôi nổi	쏘이 노이	흥분한, 활발한
ngạc nhiên	응악 니엔	놀라다
xấu	써우	나쁜
bất hạnh	벗 하잉(한)	불행한
khóc	콕	울다
cười	끄어이	웃다
khủng khiếp	쿵 키엡	무서운, 오싹한, 끔찍한
buồn	부온	슬프다

의견 • 감정 • 관심

tiếc	띠엑	아쉽다
ghê tởm	게 떰	끔찍한, 구역질나는, 징그러운
kinh tởm	낑 떰	싫은, 증오하는
ghét	갯	싫어하다
đáng ghét	당 갯	밉살스러운, 얄미운, 불쾌한
tức giận	뜩 전(연)	화내다, 성을 내다
chán nản	짠 난	낙담한, 울적한, 우울한
cực khổ	끅 코	비참한
thất vọng	텃 봉	실망스러운
hoảng hốt	호앙 홋	당황하다
khó xử	코 쓰	난처하다
cô đơn	꼬 던	외롭다

외모

ngoại hình	응오아이 힝	외모, 외형
hình dáng	힝 장(양)	모습, 생김새
dáng người	장(양) 응어이	모습, 몸매, 생김새
đẹp	댑	아름다운
xinh đẹp	씽 댐	이쁜
hấp dẫn	헙 전(연)	매력있는
gợi cảm	거이 깜	섹시한
dễ thương	제(예) 트엉	귀여운
đáng yêu	당 이에우	귀여운
đẹp trai	댑 짜이	잘생긴
xinh trai	씽 짜이	꽃미남
béo	배오	뚱뚱한

관련단어

to lớn	또 런	풍채가 큰, 덩치 있는
gầy	거이	마른
thon thả	톤 타	날씬한
da trắng	자(야) 짱	하얀 피부
da đen	자(야) 댄	검은 피부
tóc màu đen	똑 마우 댄	흑발
tóc màu vàng	똑 마우 방	금발
xấu	써우	못생긴, 추한
thấp	텁	키가 작은
cao	까오	키가 큰

일상생활 4장

1. 학교 생활
2. 회사 생활
3. 주거
4. 휴가 계획
5. 취미 생활
6. 스포츠
7. 위급할 때
8. 병원에서
9. 약국에서
10. 우체국에서
11. 미용실에서
12. 도서관에서
13. 은행에서
14. 극장에서

제4장   1. 학교 생활

> **주요표현**
>
> A : Em đi học bằng gì?
> 앰 디 혹 방 지
>
> B : Bằng xe buýt hoặc tàu điện ngầm.
> 방 쌔 부잇 호악 따우 디엔 응엄
>
> A : 학교는 어떻게 가십니까?
> B : 버스나 지하철로 갑니다.

스쿨버스로 갑니다.

Bằng xe trường.
방 쌔 쯔엉

걸어서 갑니다.

Đi bộ.
디 보

친구들과 함께 갑니다.

Đi với bạn bè.
디 버이 반 배

자전거로 갑니다.

Bằng xe đạp.
방 쌔 답

엄마가 차를 태워 주십니다.

Mẹ đưa đi bằng xe ô tô.
매 드어 디 방 쌔 오 또

일상생활

어느 학교에 다닙니까?

Anh học ở trường nào?
아잉 혹 어 쯔엉 나오

학교가 집에서 먼가요?

Đi từ nhà đến trường anh có xa không?
디 뜨 냐 덴 쯔엉 아잉 꼬 싸 콩

여기서 가깝습니다.

Đi từ đây thì gần.
디 뜨 더이 티 건

도서관은 어디에 있습니까?

Thư viện ở đâu?
트 비엔 어 더우

학교 안에 있습니다.

Thư viện ở trong trường.
트 비엔 어 쫑 쯔엉

---

bằng은 전치사로 도구, 수단, 방법 앞에 쓰여 '~로, ~으로'라고 해석됩니다. 특히 교통수단을 나타낼 때는 이동을 나타내는 단어들 đi, đến, về 등과 함께 쓰여 '~로 간다, ~로 온다, ~로 돌아온다'라고 해석하고, 의역해서 '~타고 간다, 온다, 돌아온다'라고 해도 됩니다.

이때 문장은 bằng이 전치사이므로 '주어+동사+목적어+bằng+교통수단' 순서입니다. 하지만 '걸어간다'라고 할 때는 교통수단이 아니므로 '주어+đi bộ đến+목적지(목적지까지 걸어간다)'로 해야 합니다.

제4장 2. 회사 생활

주요표현

A : Tôi làm việc ở công ty này được 10 năm rồi.
또이 람 비엑 어 꽁 띠 나이 드억 므어이 남 조이

B : Anh đúng là một nhân viên chăm chỉ.
아잉 둥 라 못 년 비엔 짬 찌

A : 이 회사에서 일한 지 10년입니다.
B : 성실한 직원이시군요.

언제 취직했어요?

Anh bắt đầu làm việc khi nào?
아잉 밧 더우 람 비엑 키 나오

입사한 지 얼마나 됐나요?

Anh vào công ty này được bao lâu rồi?
아잉 바오 꽁 띠 나이 드억 바오 러우 조이

여기서 몇 년 동안 일하고 계세요?

Anh đã làm việc ở công ty này được mấy năm rồi?
아잉 다 람 비엑 어 꽁 띠 나이 드억 머이 남 조이

출장은 자주 가세요?

Anh có thường xuyên đi công tác không?
아잉 꼬 트엉 쑤이엔 디 꽁 딱 콩

출장은 가끔 갑니다.

Thỉnh thoảng tôi đi công tác.
팅 토앙 또이 디 꽁 딱

일상생활

1년에 휴가는 며칠이나 됩니까?

Một năm anh được nghỉ phép mấy ngày.
못 남 아잉 드억 응이 팹 머이 응아이

2주일간의 유급휴가를 갖습니다.

Tôi có 2 tuần nghỉ phép có lương.
또이 꼬 하이 뚜언 응이 팹 꼬 르엉

일은 마음에 드세요?

Anh có hài lòng với công việc của mình không?
아잉 꼬 하이 롱 버이 꽁 비엑 꾸어 밍 콩

내 일을 좋아합니다.

Tôi rất hài lòng về công việc của tôi.
또이 젓 하이 롱 베 꽁 비엑 꾸어 또이

저는 이 일이 싫습니다. 그만둘 겁니다.

Tôi không thích công việc này. Tôi định thôi việc.
또이 콩 틱 꽁 비엑 나이 또이 딩 토이 비엑

제4장 3. 주거

A : Diện tích của nhà này là bao nhiêu?
지엔 띡 꾸어 냐 나이 라 바오 니에우

B : Diện tích của nhà này là 58 mét vuông.
지엔 띡 꾸어 냐 나이 라 남므어이땀 맷 부옹

A : 집 면적이 얼마입니까?
B : 이 집의 면적은 58제곱 미터입니다.

전통 한옥입니다.

Đây là nhà truyền thống của Hàn Quốc.
더이 라 냐 쭈이엔 통 꾸어 한 꾸옥

전통 집에 사는 것은 건강에 좋습니다.

Sống ở nhà truyền thống tốt cho sức khỏe.
쏭 어 냐 쭈이엔 통 똣 쪼 슥 코애

정원이 아름답습니다.

Vườn rất đẹp.
브언 젓 뎁

거실도 멋있군요.

Phòng khách cũng tuyệt.
퐁 카익 꿍 뚜이엣

주방은 어디에 있습니까?

Nhà bếp ở đâu?
냐 벱 어 더우

일상생활

저쪽에 있습니다.
Ở đằng kia.
어 당 끼아

방이 몇 개 있어요?
Nhà này có bao nhiêu phòng?
냐 나이 꼬 바오 니에우 퐁

침실이 5개 있습니다.
Nhà này có 5 phòng ngủ.
냐 나이 꼬 남 퐁 응우

이쪽에 서재가 있습니다.
Ở đây là phòng sách.
어 더이 라 퐁 싸익

화장실이 2개입니다.
Nhà này có 2 nhà vệ sinh.
냐 나이 꼬 하이 냐 베 씽

베트남에 방문하셨던 분들이라면 베트남 집들을 보고 매우 놀라셨을 것입니다. 베트남의 집 건축 양식은 프랑스의 영향을 받아 유럽의 집들을 보는 것과 같기 때문입니다. 하지만 베트남 집들의 형태를 자세히 살펴보면 앞쪽은 좁고 뒤쪽은 깁니다. 베트남은 사회주의 체제로 누구나 다 상업활동을 위해 도로변의 토지를 원하므로 4~6m씩 공평하게 나누어 주고 뒤쪽 길이는 제한을 두지 않아서 이렇게 독특한 형태를 갖추게 된 것입니다.

제4장   4. 휴가 계획

> A : Anh định làm gì vào kì nghỉ phép?
> 아잉 딩 람 지 바오 끼 응이 펩
>
> B : Tôi định đi du lịch ở nước ngoài.
> 또이 딩 디 주 릭 어 느억 응오아이
>
> A : 휴가 때 뭐 하실 생각입니까?
> B : 해외여행을 갈 겁니다.

좋은 휴가 계획 있습니까?

Anh có kế hoạch gì vào kì nghỉ phép?
아잉 꼬 께 호아익 지 바오 끼 응이 펩

휴가는 어떻게 보내실 건가요?

Anh định có nghỉ phép như thế nào?
아잉 딩 꼬 응이 펩 니으 테 나오

며칠간 휴가입니까?

Anh được nghỉ phép trong mấy ngày?
아잉 드억 응이 펩 쫑 머이 응아이

일주일간 쉽니다.

Tôi được nghỉ phép trong 1 tuần.
또이 드억 응이 펩 쫑 못 뚜언

캄보디아에 갑니다.

Tôi sẽ đi Campuchia.
또이 쌔 디 깜뿌찌아

일상생활

호이안의 옛 거리를 관광할 겁니다.
Tôi định thăm quan khu phố cổ Hội An.
또이 딩 탐 꾸안 쿠 포 꼬 호이 안

바빠서 거의 쉬지 못합니다.
Tôi bận đến nỗi không được nghỉ một chút nào.
또이 번 덴 노이 콩 드억 응이 못 쯧 나오

집에서 푹 쉽니다.
Tôi chỉ nghỉ ở nhà.
또이 지 응이 어 냐

온종일 TV를 봅니다.
Tôi xem tivi cả ngày.
또이 쌤 띠비 까 응아이

가족과 함께 베트남 중부를 여행할 계획입니다.
Tôi định đi du lịch ở miền Trung Việt Nam với gia đình tôi.
또이 딩 디 주 릭 어 미엔 쭝 비엣 남 버이 지아 딩 또이

1주일 동안 해외여행을 할 계획입니다.
Tôi định sẽ đi du lịch nước ngoài trong 1 tuần.
또이 딩 쌔 디 주 릭 느억 응오아이 쫑 못 뚜언

109

제4장 5. 취미 생활

> A : Sở thích của anh là gì?
> 써 틱 꾸어 아잉 라 지
>
> B : Sở thích của tôi là nghe nhạc.
> 써 틱 꾸어 또이 라 응애 냑
>
> A : 취미가 무엇입니까?
> B : 나의 취미는 음악감상입니다.

무엇을 좋아하세요?

Anh thích làm gì?
아잉 틱 람 지

나는 축구하는 것을 좋아합니다.

Tôi thích chơi bóng đá.
또이 틱 쩌이 봉 다

매주마다 축구를 합니다.

Tuần nào tôi cũng chơi bóng đá.
뚜언 나오 또이 꿍 쩌이 봉 다

저는 야구를 좋아합니다.

Tôi thích chơi bóng chày.
또이 틱 쩌이 봉 짜이

저는 친구들과 골프를 칩니다.

Tôi đi chơi gôn với bạn bè.
또이 디 쩌이 곤 버이 반 배

일상생활

나의 취미는 등산입니다.

Sở thích của tôi là leo núi.
써 틱 꾸어 또이 라 래오 누이

나는 컴퓨터 게임에 빠져 있습니다.

Tôi rất mê chơi game máy vi tính.
또이 젓 메 쩌이 겜 마이 비 띵

주말에 걷기를 즐깁니다.

Tôi thích đi dạo vào cuối tuần.
또이 틱 디 자오 바오 꾸오이 뚜언

친구들과 여행을 갑니다.

Tôi đi du lịch với bạn bè.
또이 디 주 릭 버이 반 배

독서를 좋아합니다.

Tôi rất thích đọc sách.
또이 젓 틱 독 싸익

나의 취미는 요리입니다.

Sở thích của tôi là nấu ăn.
써 틱 꾸어 또이 라 너우 안

나는 산책하는 걸 좋아합니다.

Tôi thích đi dạo.
또이 틱 디 자오

111

제4장 6. 스포츠

> A : Anh có thể bơi không?
> 아잉 꼬 태 버이 콩
>
> B : Tôi có biết, nhưng không giỏi lắm.
> 또이 꼬 비엣 늉 콩 죠이 람
>
> A : 수영할 수 있어요?
> B : 할 수 있습니다만, 잘하지는 못합니다.

매우 잘하시는군요.

Anh giỏi quá.
아잉 죠이 꾸아

감사합니다, 하지만 스포츠가 서툽니다.

Cám ơn, nhưng tôi chơi thể thao vẫn còn kém.
깜 언 니응 또이 쩌이 테 타오 번 꼰 깸

조금 할 수 있습니다.

Tôi biết chơi một chút.
또이 비엣 쩌이 못 쭛

저는 초보자입니다.

Tôi mới chơi thôi.
또이 머이 쩌이 토이

언제 시작했어요?

Anh đã bắt đầu chơi khi nào?
아잉 다 밧 더우 쩌이 키 나오

일상생활

작년에요.
Vào năm ngoái.
바오 남 응오아이

그때부터 계속하고 있습니다.
Từ lúc đó, tôi chơi liên tục.
뜨 룩 도 또이 쩌이 리엔 뚝

연습하면 더 좋아질 것입니다.
Càng luyện tập sẽ càng giỏi.
깡 루이엔 떱 쌔 깡 죠이

연습을 계속 하려구요.
Tôi sẽ cố gắng luyện tập.
또이 쌔 꼬 강 루이엔 떱

좋은 결과를 기대합니다.
Chúc anh có kết quả tốt.
쭉 아잉 꼬 껫 꾸아 똣

제4장 7. 병원에서

A : Cô bị làm sao?
꼬 비 람 싸오

B : Bác sĩ ơi, tôi bị sốt cao.
박 씨 어이 또이 비 숏 까오

A : 어떻게 아프십니까?
B : 의사 선생님, 열이 많이 나요.

지금 상태가 어떠십니까?

Bây giờ anh cảm thấy trong người thế nào?
버이 져 아잉 깜 터이 쫑 응어이 테 나오

몸이 아파요.

Tôi bị ốm.
또이 비 옴

머리가 너무 아픕니다.

Tôi bị đau đầu.
또이 비 다우 더우

구역질이 납니다.

Tôi bị nôn.
또이 비 논

멀미가 납니다.

Tôi bị say xe.
또이 비 싸이 쌔

일상생활

감기에 걸렸습니다.

Tôi bị cảm lạnh.
또이 비 깜 라잉

온몸에서 열이 나요.

Sốt toàn thân.
쏫 또안 턴

콧물이 계속 나와요.

Tôi bị chảy nước mũi.
또이 비 짜이 느억 무이

재채기가 나옵니다.

Tôi bị hắt hơi.
또이 비 핫 허이

주사 맞으시고, 이 약을 3일 동안 복용하세요.

Anh tiêm sau đó uống thuốc trong 3 ngày.
아잉 띠엠 싸우 도 우옹 투옥 쫑 바 응아이

술을 마시면 안 돼요!

Anh không được uống rượu!
아잉 콩 드억 우옹 즈어우

bị는 서술어 앞에 붙어서 좋지 않은 상황의 수동형을 나타내는 단어로, 주로 빼앗기거나 당하거나 질병에 걸렸을 때 사용합니다. 그래서 어느 병에 걸렸다 라고 할 때는 '주어+bị+병명'으로 표현합니다.

제4장 8. 약국에서

주요표현

A : Ở đây có thuốc giảm đau đầu không?
어 더이 꼬 투옥 지암 다우 더우 콩

B : Dạ, có. Xin đợi một chút.
자 꼬 씬 더이 못 쭛

A : 두통약 있습니까?
B : 네, 있습니다. 잠시만 기다려 주세요.

감기약 있습니까?

Anh có thuốc cảm không?
아잉 꼬 투옥 깜 콩

지사제를 주세요.

Cho tôi thuốc chống tiêu chảy.
쪼 또이 투옥 쫑 띠에우 짜이

소화제가 필요해요.

Tôi cần thuốc tiêu hóa.
또이 껀 투옥 띠에우 호아

모기 쫓는 약을 주세요.

Cho tôi kem chống muỗi.
쪼 또이 깸 쫑 무오이

이 약은 언제 먹습니까?

Thuốc này uống khi nào?
투옥 나이 우옹 키 나오

이 약을 식후에 드세요.

Hãy uống thuốc sau khi ăn cơm.
하이 우옹 투옥 싸우 키 안 껌

한 번에 몇 알씩 먹습니까?

Một lần uống mấy viên?
못 런 우옹 머이 비엔

한 번에 세 알씩 드세요.

Một lần uống 3 viên.
못 런 우옹 바 비엔

부작용은 없나요?

Có tác dụng phụ không?
꼬 딱 중 푸 콩

그건 걱정 마세요.

Xin đừng lo.
씬 등 로

제4장   9. 우체국에서

> A : Tôi muốn gửi hành lý này đi Hàn Quốc.
> 또이 무온 그이 하잉 리 나이 디 한 꾸옥
>
> B : Anh gửi bằng đường hàng không à?
> 아잉 그이 방 드엉 항 콩 아
>
> A : 이 짐을 한국으로 부치려고 하는데요.
> B : 항공편입니까?

편지를 부쳐 주세요.

Tôi muốn gửi thư.
또이 무온 그이 트

이 소포 부탁합니다.

Tôi muốn gửi bưu phẩm.
또이 무온 그이 브우 펌

이것을 속달로 부탁합니다.

Hãy gửi cái này theo dịch vụ chuyển phát nhanh.
하이 그이 까이 나이 태오 직 부 쭈이엔 팟 냐잉

배편으로 부탁합니다.

Hãy gửi bằng đường biển.
하이 그이 방 드엉 비엔

등기우편으로 보내려고 하는데요.

Tôi muốn gửi thư bảo đảm.
또이 무온 그이 트 바오 담

일상생활

한국까지의 항공편은 얼마입니까?

Giá cước phí gửi bằng đường hàng không đi Hàn Quốc là bao nhiêu?

쟈 끄억 피 그이 방 드엉 항 콩 디 한 꾸옥 라 바오 니에우

여기에 주소와 이름을 넣어주세요.

Vui lòng ghi tên và địa chỉ vào đây.

브이 롱 기 뗀 바 디아 찌 바오 더이

우표를 봉투에 붙여서 국제우편함에 넣어주세요.

Xin hãy dán tem lên phong bì và bỏ vào hòm thư quốc tế.

씬 하이 쟌 땜 렌 퐁 비 바 버 바오 홈 트 꾸옥 떼

내용물은 뭡니까?

Bên trong có gì thế ạ?

벤 쫑 꼬 지 테 아

며칠 정도 걸립니까?

Mất khoảng mấy ngày?

멋 코앙 머이 응아이

소포가 언제 도착합니까?

Khi nào thì bưu phẩm đến nơi?

키 나오 티 브우 펌 덴 너이

제4장   10. 미용실에서

주요표현

A : Chị muốn làm gì ạ?
찌 무온 람 지 아

B : Tôi chỉ cần cắt tóc.
또이 찌 껀 깟 똑

A : 어떻게 해 드릴까요?
B : 커트만 해 주세요.

어떤 스타일로 해 드릴까요?

Chị muốn làm kiểu tóc nào?
찌 무온 람 끼에우 똑 나오

어떻게 자를까요?

Chị muốn cắt như thế nào?
찌 무온 깟 뉴 테 나오

조금 짧게 해 주세요.

Chị cắt ngắn cho tôi một chút nhé.
찌 깟 응안 쪼 또이 못 쭛 녜

스타일을 바꾸고 싶은데요.

Tôi muốn đổi kiểu tóc.
또이 무온 도이 끼에우 똑

샴푸하고 커트해 주세요.

Chị gội đầu rồi cắt tóc cho tôi.
찌 고이 더우 조이 깟 똑 쪼 또이

일상생활

머리를 염색해 주세요.

Nhuộm tóc cho tôi.
뉴옴 똑 쪼 또이

약하게 파마해 주세요.

Chị uốn nhẹ cho tôi.
찌 우온 녜 쪼 또이

이런 스타일로 해 주세요.

Hãy làm theo kiểu này cho tôi.
하이 람 태오 끼에우 나이 쪼 또이

눈썹을 다듬어 주세요.

Hãy tỉa lông mày cho tôi nhé.
하이 띠아 롱 마이 쪼 또이 녜

수염을 깍아 주세요.

Hãy cạo râu cho tôi.
하이 까오 저우 쪼 또이

드라이해 주세요.

Chị sấy tóc cho tôi.
찌 써이 똑 쪼 또이

앞머리도 잘라 주세요.

Tóc mái cũng cắt cho tôi nhé.
똑 마이 꿍 깟 쪼 또이 녜

제4장 11. 도서관에서

A : Em có thể mượn mấy quyển sách?
앰 꼬 테 므언 머이 꾸이엔 싸익

B : Em có thể mượn 5 quyển.
앰 꼬 테 무언 남 꾸이엔

A : 책은 몇 권까지 빌릴 수 있습니까?
B : 5권까지 빌릴 수 있습니다.

책을 빌리고 싶습니다만.

Tôi muốn mượn sách.
또이 무온 므언 싸익

자리는 자유입니다.

Có thể tự chọn chỗ ngồi.
꼬 테 뜨 쫀 쪼 응오이

이용 시간은 오전 9시부터 오후 6시까지입니다.

Giờ mở cửa là từ 9 giờ sáng đến 6 giờ chiều.
져 머 끄어 라 뜨 찐 져 쌍 덴 싸우 져 찌에우

일주일간 빌릴 수 있습니다.

Em có thể mượn trong 1 tuần.
앰 꼬 테 므언 쫑 못 뚜언

여기에 기입해 주세요.

Hãy điền vào đây.
하이 디엔 바오 더이

일상생활

대출 기간은 언제까지입니까?

Có thể mượn sách đến khi nào?

꼬 테 므언 싸익 덴 키 나오

4권 이상은 빌릴 수 없습니다.

Không được mượn 4 quyển trở lên.

콩 드억 므언 본 꾸이엔 쩌 렌

반납일은 1주일 후입니다.

Ngày trả sách là sau một tuần.

응아이 짜 싸익 라 싸우 못 뚜언

늦게 반납하면 벌금을 내야 합니다.

Trả sách muộn thì bị phạt.

짜 싸익 무온 티 비 팟

그 책은 대출중입니다.

Đã có người mượn quyển sách đó.

다 꼬 응어이 므언 꾸이엔 싸익 도

예약해 드릴까요?

Em có muốn đặt trước không?

앰 꼬 무온 닷 쯔억 콩

고정된 자리는 없습니까?

Ở đây có chỗ ngồi được chỉ định không?

어 더이 꼬 쪼 응오이 드억 찌 딩 콩

제4장 12. 은행에서

> A : Hôm nay tỷ giá là bao nhiêu?
> 홈 나이 띠 지아 라 바오 니에우
>
> B : Một đô-la ăn 20.800 đồng.
> 못 돌라 안 하이므어이응인땀짬 동
>
> A : 오늘 환율이 얼마입니까?
> B : 1달러에 20,800동입니다.

환전은 어디서 하나요?

Tôi có thể đổi tiền ở đâu?

또이 꼬 테 도이 띠엔 어 더우

은행이나 환전소에서 하시면 됩니다.

Ở ngân hàng hay quầy đổi tiền.

어 응언 항 하이 꾸어이 도이 띠엔

환전하겠습니다.

Xin cho tôi đổi tiền.

씬 쪼 또이 도이 띠엔

달러입니까? 유로화입니까?

Đô-la hay euro?

돌라 하이 어로

달러입니다. 100달러 환전해 주세요.

Đô-la. Hãy đổi cho tôi 100 đô-la.

돌라 하이 도이 쪼 또이 못짬 돌라

일상생활

환전신청서를 작성해 주세요.

Anh điền vào phiếu đăng ký đổi tiền này.

아잉 디엔 바오 피에우 당 끼 도이 띠엔 나이

오늘 환율은 어떻습니까?

Hôm nay tỷ giá thế nào?

홈 나이 띠 지아 테 나오

1달러당 20.700동 바꿉니다.

Một đô-la đổi 20.700 đồng.

못 돌라 도이 하이므어이응인바이짬 동

얼마 바꾸시겠습니까?

Anh muốn đổi bao nhiêu?

아잉 무온 도이 바오 니에우

300달러 바꾸겠습니다.

Tôi muốn đổi 300 đô-la.

또이 무온 도이 바짬 돌라

여기 총 6.210.000동입니다. 세어 보세요.

Đây là 6.210.000 đồng. Xin hãy đếm lại.

더이 라 싸우찌에우하이짬므어이응인 동 씬 하이 뎀 라이

감사합니다.

Cám ơn.

깜 언

제4장 13. 극장에서

주요표현

A : Mấy giờ bắt đầu ạ?
머이 져 밧 더우 아

B : Bắt đầu từ 3 giờ rưỡi.
밧 더우 뜨 바 져 즈어이

A : 몇 시에 시작합니까?
B : 3시 반부터입니다.

어디서 표를 삽니까?

Tôi có thể mua vé ở đâu?
또이 꼬 테 무어 배 어 더우

가장 싼 자리는 얼마입니까?

Chỗ ngồi rẻ nhất là bao nhiêu?
쪼 응오이 재 녓 라 바오 니에우

이 차림으로 갈 수 있습니까?

Trang phục như thế này vào được không?
짱 푹 뉴 테 나이 바오 드억 콩

지금 어떤 영화가 상영되고 있습니까?

Bây giờ đang chiếu phim nào?
버이 져 당 찌에우 핌 나오

영화는 벌써 시작했나요?

Phim đã bắt đầu chưa?
핌 다 밧 더우 쯔어

일상생활

공연은 언제쯤 끝납니까?

Khi nào buổi biểu diễn kết thúc.

키 나오 부오이 비에우 지엔 껫 툭

언제까지 하나요?

Buổi biểu diễn kéo dài đến lúc nào?

부오이 비에우 지엔 께오 자이 덴 룩 나오

지금이라도 표를 구할 수 있나요?

Bây giờ tôi mua được vé không?

버이 져 또이 무어 드억 배 콩

지정석입니까?

Đây là chỗ được chỉ định à?

더이 라 쪼 드억 찌 딩 아

어른 2장이랑 아이 1장 주세요.

Cho tôi 2 vé người lớn và 1 vé trẻ em.

쪼 또이 하이 배 응어이 런 바 못 배 째 앰

이곳의 입장료는 얼마입니까?

Vé vào cửa đây bao nhiêu ạ?

배 바오 끄어 더이 바오 니에우 아

가운데 자리로 주세요.

Tôi muốn ngồi ở giữa.

또이 무온 응오이 어 즈어

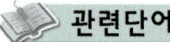

관련단어

직급

chức vụ	쯕 부	직급, 지위
tổng giám đốc	똥 쟘(얌) 독	회장, CEO
giám đốc	쟘(얌) 독	사장
phó giám đốc	포 쟘(얌) 독	부사장
phó giám đốc điều hành	포 쟘(얌) 독 디에우 하잉(한)	이사
phó giám đốc chuyên trách	포 쟘(얌) 독 쭈이엔 짜익(짝)	전무
phó giám đốc thường trực	포 쟘(얌) 독 트엉 쯕	상무
thư ký	트 끼	비서
trưởng phòng	쯔엉 퐁	부장
trưởng khoa	쯔엉 코아	과장
người quản lý	응어이 꾸안 리	매니저
trợ lý	쩌 리	대리
nhân viên	년 비엔	사원

취미, 스포츠

sở thích	써 틱	취미
xem kịch	쌤 끽	연극 보기
hát	핫	노래하기
nhảy múa	냐이 무어	춤추기, 댄스
chụp ảnh	쭙 아잉(안)	사진 찍기
đọc sách	독 싸익(싹)	독서
hõa tranh	호아 짜잉(짠)	그림 그리기
sưu tập	쓰우 떱	수집

...........일상생활

nấu ăn	너우 안	요리
tập thể dục	떱 테 죽(육)	운동하기
bóng bàn	봉 반	탁구
tennis	떼닛	테니스
cầu lông	꺼우 롱	배드민턴
bóng rổ	봉 조(로)	농구
nhảy erobic	냐이 애로빅	에어로빅
yoga	요가	요가
trượt tuyết	쯔엇 뚜이엣	스키
trượt băng	쯔엇 방	스케이트
trượt sóng	쯔엇 쏭	파도 타기
chơi game	쩌이 갬	게임하기
tìm kiếm internet	띰 끼엠 인떠넷	웹서핑

병 관련

đau đơn	다우 던	고통, 통증
đau đầu	다우 더우	두통
đau bụng	다우 붕	복통
đau răng	다우 장(랑)	치통
đau lưng	다우 릉	요통
cảm lạnh	깜 라잉(란)	감기
cúm	꿈	독감
ho	호	기침하다
say xe	싸이 쌔	차멀미를 하다
say tàu	싸이 따우	뱃멀미를 하다
nôn	논	토하다
tiêu chảy	띠에우 짜이	설사
táo bón	따오 본	변비

관련단어

ung thư	웅 트	암
choáng váng	쪼앙 방	어지러운
thương	트엉	상처 입은, 다친
chảy máu	짜이 마우	출혈
trẹo	째오	삐다
bỏng	봉	화상
mụn	문	여드름
bệnh tinh thần	벵 띵 턴	정신병
máu	마우	색깔
huyết áp	후이엣 압	혈압
cao huyết áp	까오 후이엣 압	고혈압
sốt rét	쏫 잿(랫)	말라리아
bệnh viện	벵 비엔	병원
bệnh nhân	벵 년	환자
điều trị	디에우 찌	치료
tiêm	띠엠	주사맞다
đơn thuốc	던 투옥	처방전
hiệu thuốc	히에우 투옥	약국
viên thuốc	비엔 투옥	알약
thuốc	투옥	약
ma túy	마 뚜이	마약
thuốc mỡ	투옥 머	연고
băng	방	붕대
bông	봉	솜
băng dính	방 징(잉)	반창고, 테이프
băng gạc y tế	방 각 이 떼	파스
băng keo cá nhân	방 깨오 까 년	밴드, 대일밴드
băng keo biểu tượng	방 깨오 비에우 뜨엉	캐릭터 밴드

전화

1. 전화를 걸 때
2. 전화를 받을 때
3. 부재중일 때
4. 말을 전할 때
5. 기타 전화 상황

Vietnamese

제5장

1. 전화를 걸 때

> A : Alô, đấy là nhà anh Minh, phải không?
> 알로 더이 라 냐 아잉 밍 파이 콩
>
> B : Dạ vâng, ai đó?
> 자 벙 아이 도
>
> A : 여보세요, 밍 씨 댁입니까?
> B : 네, 그렇습니다. 누구십니까?

전화 받아요.

Anh nghe điện thoại đi.
아잉 응애 디엔 토아이 디

전화벨이 울려요.

Điện thoại đang reo kìa.
디엔 토아이 당 재오 끼어

누구세요?

Ai đấy?
아이 더이

저는 민아입니다.

Tôi là Min-A đây.
또이 라 민아 더이

투이 맞습니까?

Thủy, phải không ạ?
투이 파이 콩 아

전화

네, 접니다.

Dạ, tôi nghe đây.
자 또이 응애 더이

투이 좀 바꿔주세요.

Làm ơn cho tôi nói chuyện với Thủy.
람 언 쪼 또이 노이 쭈이엔 버이 투이

호아와 통화하고 싶습니다.

Tôi muốn gặp Hoa.
또이 무온 갑 호아

퐁 선생님을 바꿔주십시오.

Xin cho tôi gặp thầy Phong.
씬 쪼 또이 갑 터이 퐁

인사팀 란 씨 부탁합니다.

Cho tôi gặp Lan phòng nhân sự.
쪼 또이 갑 란 퐁 년 쓰

133

제5장 2. 전화를 받을 때

주요표현

A : Anh Sơn có ở đó không ạ?
아잉 썬 꼬 어 도 콩 아

B : Xin đợi một chút.
씬 더이 못 쭛

A : 썬 씨 가능합니까?
B : 잠시만 기다려 주세요.

하 씨 좀 바꾸어 주세요.

Làm ơn cho tôi nói chuyện với chị Hà.
람 언 쪼 또이 노이 쭈이엔 버이 찌 하

잠시만 기다려 주세요.

Xin chờ một chút.
씬 쩌 못 쭛

끊지 말고 기다려 주세요.

Anh giữ máy nhé.
아잉 지으 마이 녜

전화 왔어요.

Có người muốn nói chuyện với anh.
꼬 응어이 무온 노이 쭈이엔 버이 아잉

또안아, 전화 받아라.

Toàn ơi, em nghe điện thoại đi.
또안 어이 앰 응애 디엔 토아이 디

전화

또안입니다.

Toàn nghe đây.
또안 응애 더이

안녕, 또안! 나 민아야.

Chào Toàn! Tôi là Min-A.
짜오 또안 또이 라 민아

오, 민아야. 무슨 일이야?

Ồ, Min-A ơi. Có việc gì?
오 민아 어이 꼬 비엑 지

내일 모임에 관한 일이야.

Tôi muốn nói chuyện về cuộc họp ngày mai.
또이 무온 노이 쭈이엔 베 꾸옥 홉 응아이 마이

좋아, 말해 봐.

Được, bạn nói đi.
드억 반 노이 디

> **cho + 사람 + 동사**
> cho는 '주다'라는 뜻을 가진 동사입니다. 하지만 동시에 여러 가지 뜻을 가지고 있습니다. 'cho+사람+명사'로 쓰이면 '~에게 …를 주다'라는 뜻입니다. 하지만 'cho+사람+동사'로 쓰이면 '~에게 …하게 해주다/~하게 하다'라는 사역의 의미를 갖게 됩니다. 'cho+사람+동사'로 쓰일 때, 사람의 자리에 1인칭 단어가 들어가면 '나에게 ~하게 해 주세요, 내가 ~하게 해 주세요'라는 부탁의 구문이 됩니다.

제5장 3. 부재중일 때

A : Tôi muốn nói chuyện với anh Hùng.
또이 무온 노이 쭈이엔 버이 아잉 훙

B : Xin lỗi, bây giờ anh Hùng không có ở đây.
씬 로이 버이 져 아잉 훙 콩 꼬 어 더이

A : 훙 씨와 통화하고 싶습니다.
B : 죄송하지만 지금 여기 안 계십니다.

사장님 지금 외출하셨습니다.

Giờ này, ông giám đốc đi ra ngoài rồi.
져 나이 옹 지암 독 디 자 응오아이 조이

그는 지금 외출 중입니다.

Anh ấy hiện đi vắng.
아잉 어이 히엔 디 방

사무실을 막 나갔습니다.

Cô ấy vừa mới ra khỏi văn phòng thôi.
꼬 어이 브어 머이 자 커이 반 퐁 토이

부장님은 식사하러 나갔습니다.

Anh trưởng phòng hiện đi dùng cơm rồi.
아잉 쯔엉 퐁 히엔 디 중 껌 조이

그는 지금 출장 중입니다.

Anh ấy đang đi công tác.
아잉 어이 당 디 꽁 딱

전화

그는 퇴근했습니다.

Anh ấy đi về nhà rồi.

아잉 어이 디 베 냐 조이

그녀는 오늘 쉽니다.

Hôm nay cô ấy nghỉ.

홈 나이 꼬 어이 응이

팀장님은 언제 돌아옵니까?

Khi nào trưởng phòng trở lại?

키 나오 쯔엉 퐁 쩌 라이

그녀와 어떻게 연락할 수 있나요?

Có cách nào để tôi liên lạc với cô ấy không ạ?

꼬 까익 나오 데 또이 리엔 락 버이 꼬 어이 콩 아

핸드폰 번호 좀 알려 주세요.

Xin cho tôi biết số điện thoại di động của cô ấy.

씬 쪼 또이 비엣 쏘 디엔 토아이 지 동 꾸어 꼬 어이

제5장 4. 말을 전할 때

주요표현

A : Chị ấy hiện không có ở văn phòng.
찌 어이 히엔 콩 꼬 어 반 퐁

B : Tôi muốn nhắn lại.
또이 무온 냔 라이

A : 그녀는 지금 자리에 안 계신데요.
B : 메시지를 남기겠습니다.

메시지 남기시겠습니까?
Anh có nhắn gì không?
아잉 꼬 냔 지 콩

그에게 메시지 전해 드릴게요.
Để tôi nhắn lại với anh ấy.
데 또이 냔 라이 버이 아잉 어이

메시지를 남기는 것을 부탁해도 될까요?
Tôi có thể nhờ anh để lại lời nhắn được không?
또이 코 테 녀 아잉 데 라이 러이 냔 드억 콩

말씀하세요.
Hãy nói với tôi.
하이 노이 버이 또이

서울에서 전화했다고 전해 주세요.
Xin cô nhắn với anh ấy là tôi đã gọi điện từ seoul.
씬 꼬 냔 버이 아잉 어이 라 또이 다 고이 디엔 뜨 써울

전화

저에게 전화해 달라고 전해 주세요.

Cô vui lòng nhắn rằng hãy gọi điện thoại cho tôi.
꼬 부이 롱 냔 장 하이 고이 디엔 토아이 쪼 또이

전화번호는 070-1234-5678입니다.

Số điện thoại là 070-1234-5678.
쏘 디엔 토아이 라 콩바이콩 못하이바본 남싸우바이땀

오늘밤 늦을 거라고 전해 주세요.

Chị nói với cô ấy là tối nay tôi về muộn.
찌 노이 버이 꼬 어이 라 또이 나이 또이 베 무온

그에게 기다리지 말라고 전해 주세요.

Vui lòng nói với anh ấy là đừng đợi tôi.
부이 롱 노이 버이 아잉 어이 라 등 더이 또이

그에게 내 돈을 갚으라고 전해 주세요.

Xin nhắn cho anh ấy rằng anh ấy phải trả tiền cho tôi.
씬 냔 쪼 아잉 어이 장 아잉 어이 파이 짜 띠엔 쪼 또이

제5장

5. 기타 전화 상황

> A : Xin lỗi, anh đã gọi số mấy ạ?
> 씬 로이 아잉 다 고이 쏘 머이 아
>
> B : Có phải là số 010-1234-5678 không?
> 꼬 파이 라 쏘 콩못콩 못하이바본 남싸우바이땀 콩
>
> A : 몇 번에 거셨어요?
> B : 010-1234-5678번 아닌가요?

여기 그런 분 안 계신데요.

Ở đây không có người như vậy.

어 더이 콩 꼬 응어이 뉴 버이

마이투이 여사 댁이 아닌가요?

Đây không phải là nhà của bà Mai Thủy ạ?

더이 콩 파이 라 냐 꾸어 바 마이 투이 아

전화 잘못 거셨습니다.

Gọi nhầm rồi.

고이 념 조이

틀린 번호에 전화하셨습니다.

Anh đã gọi nhầm số rồi.

아잉 다 고이 념 쏘 조이

전화번호는 맞지만 이사했습니다.

Số điện thoại đúng, nhưng họ đã chuyển nhà rồi.

쏘 디엔 토아이 둥 늉 호 다 쭈이엔 냐 조이

전화

전화 상태가 안 좋아요.

Sóng điện thoại không tốt.

쏭 디엔 토아이 콩 똣

말이 잘 들리지 않아요.

Tôi không nghe rõ.

또이 콩 응애 조

천천히 말씀해 주세요.

Xin nói chậm lại.

씬 노이 쩜 라이

더 크게 말해 주세요.

Xin nói to hơn.

씬 노이 또 헌

다시 한번 말씀해 주시겠습니까?

Xin anh nói lại một lần nữa.

씬 아잉 노이 라이 못 런 느어

> 베트남어 속 한자어
>
> 베트남어 속에 한자어가 차지하는 비중이 60~70%라고 합니다. 이는 한국 사람들이 베트남어를 학습하는 데 매우 유리한 조건입니다.
>
> 예를 들면, 전화는 베트남어로 'điện thoại'라고 하는데, 여기서 điện은 '전기'의 '전(電)'자를 씁니다. thoại는 '회화, 담화'라고 할 때의 '화(話)'를 사용하지요. 또 핸드폰은 '이동전화'라고 하는데 điện thoại di động이라고 합니다. 여기서 di động은 한자어로 '이동(移動)'을 나타냅니다.

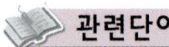

관련단어

기타 전화, 휴대폰

tổng đài điện thoại	똥 다이 디엔 토아이	전화 교환
điện thoại nội thành	디엔 토아이 노이 타잉(탄)	시내전화
điện thoại ngoại tỉnh	디엔 토아이 응오아이 띵	시외전화
mã số vùng điện thoại	마 쏘 붕 디엔 토아이	지역번호
thẻ điện thoại	태 디엔 토아이	전화카드
điện thoại di động	디엔 토아이 지(이) 동	이동전화
nhắn tin	냔 띤	메시지
chuông điện thoại	쭈옹 디엔 토아이	전화벨
dịch vụ roaming	직(익) 부 로아밍	로밍서비스

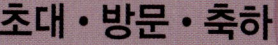

6장

초대 · 방문 · 축하

1. 초대할 때
2. 방문할 때
3. 손님을 맞이할 때
4. 식사를 대접할 때
5. 손님을 배웅할 때
6. 축하의 표현
7. 감사의 표현
8. 신년, 기념일 축하

Vietnamese

제6장   1. 초대할 때

> **A :** Vào thứ bảy này, chị có thời gian không?
> 바오 트 바이 나이 찌 꼬 터이 잔 콩
>
> **B :** Anh có việc gì không?
> 아잉 꼬 비엑 지 콩
>
> A : 토요일에 시간 있어요?
> B : 무슨 일이 있습니까?

우리 집에 초대하고 싶은데요.

Tôi muốn mời anh đến nhà tôi.
또이 무온 머이 아잉 덴 냐 또이

우리 딸[아들]이 취직을 했습니다.

Con gái [Con trai] tôi đã tìm được việc làm.
꼰 가이 [꼰 짜이] 또이 다 띰 드억 비엑 람

축하 파티를 하려고 합니다.

Tôi sẽ làm tiệc chúc mừng.
또이 쌔 람 띠엑 쭉 믕

남편과 함께 와 주세요.

Mời chị cùng chồng chị đến nhà tôi.
머이 찌 꿍 쫑 찌 덴 냐 또이

아! 축하합니다! 꼭 가겠습니다.

À! Chúc mừng anh! Chắc chắn tôi sẽ đến.
아 쭉 믕 아잉 짝 짠 또이 쌔 덴

초대 · 방문 · 축하

언제 갈까요?

Mấy giờ thì tôi đến được?

머이 져 티 또이 덴 드억

토요일 저녁 6시에 오세요.

Chị hãy đến lúc 6 giờ tối thứ bảy này.

찌 하이 덴 룩 싸우 져 또이 트 바이 나이

일찍 가서 도와드릴게요.

Tôi sẽ đến sớm để giúp anh.

또이 쌔 덴 썸 데 쥽 아잉

아닙니다. 참석만 해주세요.

Không sao. Chị có mặt là tốt rồi.

콩 싸오 찌 꼬 맛 라 똣 조이

초대해 주셔서 감사합니다.

Cám ơn anh đã mời tôi.

깜 언 아잉 다 머이 또이

📎 베트남 사람들에게 초대를 받았을 때 혹은 베트남 사람의 집을 방문할 때, 중요한 미팅을 앞두고 선물을 준비할 때, 어떤 선물이 베트남 사람들을 가장 기쁘게 할까요? 베트남 사람들에게 한국의 인삼과 홍삼은 건강에 매우 좋은 특효식품으로 소문이 나서 베트남 사람들이 한국에 여행을 와서 돌아갈 때 사가는 필수품목입니다. 남대문 시장에는 베트남 사람만을 대상으로 하여 장사를 하는 인삼가게도 있을 정도입니다. 또 베트남 사람들이 선호하는 선물은 한국 화장품입니다. 미용에 관심이 많은 여성들에게 한국 화장품은 매우 귀한 선물입니다.

제6장 2. 방문할 때

> **주요표현**
>
> A : Xin lỗi.
> 씬 로이
>
> B : Chào anh Kim! Mời anh vào.
> 짜오 아잉 김 머이 아잉 바오
>
> A : 실례합니다.
> B : 안녕하세요, 김 선생님! 들어오세요.

득 씨 지금 뵐 수 있을까요?

Bây giờ, tôi gặp anh Đức được không?
버이 져 또이 갑 아잉 득 드억 콩

밍 씨 지금 댁에 계십니까?

Bây giờ anh Minh có nhà không?
버이 져 아잉 밍 꼬 냐 콩

실례지만, 이름이 어떻게 되세요?

Xin lỗi, anh tên là gì?
씬 로이 아잉 뗀 라 지

누구신가요?

Chị là ai?
찌 라 아이

저는 링입니다.

Tôi là Linh.
또이 라 링

초대·방문·축하

우리 집에 오신 것을 환영합니다.
Chào mừng anh đến nhà tôi.
짜오 믕 아잉 덴 냐 또이

오래 기다리게 해서 죄송합니다.
Xin lỗi vì khiến anh chờ lâu.
씬 로이 비 키엔 아잉 쩌 러우

괜찮습니다, 이쪽으로 오세요.
Không sao, mời anh đến đây.
콩 싸오 머이 아잉 덴 더이

제가 폐를 끼칠까 봐 두렵네요.
Tôi ngại làm phiền anh.
또이 응아이 람 피엔 아잉

아닙니다! 또 뵙게 되어 반갑습니다.
Không sao! Rất vui được gặp lại anh.
콩 싸오 젓 부이 드억 갑 라이 아잉

제6장 3. 손님을 맞이할 때

주요표현

A : Xin lỗi vì đến muộn.
씬 로이 비 덴 무온

B : Ồ, anh Kim. Không sao đâu.
오 아잉 김 콩 싸오 더우

A : 늦어서 미안합니다.
B : 오, 김 선생. 괜찮습니다.

초대해 주셔서 감사합니다.

Cám ơn chị đã mời tôi.
깜 언 찌 다 머이 또이

와 줘서 기뻐요.

Rất vui vì anh đã đến.
젓 부이 비 아잉 다 덴

오래 기다리게 했습니다.

Làm chị chờ lâu quá.
람 찌 쩌 러우 꾸아

아닙니다. 제일 먼저 오셨습니다.

Không, anh là người đến đầu tiên.
콩 아잉 라 응어이 덴 더우 띠엔

많이 더우시죠? 에어컨을 틀어 드릴게요.

Anh nóng không? Để tôi mở máy lạnh.
아잉 농 콩 데 또이 머 마이 라잉

초대·방문·축하

변변치 않습니다.(선물을 주면서)

Đây là chút quà gọi là.

더이 라 쭛 꾸아 고이 라

감사합니다. 이건 제가 꼭 원했던 것입니다.

Cám ơn anh nhiều lắm. Tôi đang cần cái này.

깜 언 아잉 니에우 람 또이 당 껀 까이 나이

이리 앉으세요.

Mời anh ngồi đây.

머이 아잉 응오이 더이

편히 하세요.

Anh tự nhiên nhé.

아잉 뜨 니엔 녜

아이들은 잘 있습니까?

Con trai anh có khỏe không?

꼰 짜이 아잉 꼬 코애 콩

베트남 사람의 집을 방문하게 되면 항상 마실 차를 내줍니다. 또 베트남 사람들이 한국을 방문할 때에도 선물로 차를 꼭 챙깁니다.

베트남은 동남아시아의 다른 나라들처럼 수질이 좋은 편이 아니어서 물은 항상 끓여 마시거나 생수를 사서 마셔야 합니다. 베트남 식당에서는 우리나라의 식당처럼 물을 먼저 주는 것이 아니라 생수나 얼음 차를 따로 시켜야 합니다. 역시 값도 따로 지불해야 하지요. 차는 물보다 더욱 대중적인 음료이며 베트남 음식 문화의 큰 부분을 차지합니다.

제6장 4. 식사를 대접할 때

주요표현

A : Anh ăn nhiều vào nhé.
아잉 안 니에우 바오 녜

B : Cám ơn nhiều!
깜 언 니에우

A : 많이 드세요.
B : 감사합니다!

건배! 우리의 건강을 위하여!

Cạn ly nào! Chúc sức khỏe!
깐 리 나오 쭉 쓱 코애

음식이 따뜻할 때 드세요.

Hãy ăn khi đồ ăn còn nóng.
하이 안 키 도 안 꼰 농

이 음식 맛있겠군요.

Món này trông rất ngon.
몬 나이 쫑 젓 응온

요리 솜씨가 좋으시네요.

Chị nấu ăn giỏi quá.
찌 너우 안 지오이 꾸아

당신에게는 이 음식이 더 좋을 것 같아요.

Tôi nghĩ món này tốt cho anh hơn.
또이 응이 몬 나이 똣 쪼 아잉 헌

초대 · 방문 · 축하

저는 아무거나 잘 먹습니다.
Tôi ăn cái gì cũng được.
또이 안 까이 지 꿍 드억

내가 제일 좋아하는 것입니다.
Tôi thích món này nhất.
또 틱 몬 나이 녓

매운 음식을 좋아합니다.
Tôi thích món cay.
또이 틱 몬 까이

이거 어떻게 먹어요?
Món này ăn như thế nào?
몬 나이 안 니으 테 나오

먹어 보겠습니다.
Để tôi ăn thử.
데 또이 안 트

제6장 5. 손님을 배웅할 때

주요표현

A : Bây giờ tôi phải đi.
버이 져 또이 파이 디

B : Vâng, chúc chị về nhà an toàn.
벙 쭉 찌 베 냐 안 또안

A : 그만 가보겠습니다.
B : 알겠습니다, 살펴 가십시오.

시간이 늦었습니다.

Lúc này đã muộn rồi.
룩 나이 다 무온 조이

이제 가야겠습니다.

Bây giờ tôi đi nhé.
버이 져 또이 디 녜

좀더 있다 가시지요.

Hãy ở lại một lát nữa đi
하이 어 라이 못 랏 느어 디

초대해 주셔서 감사합니다.

Cám ơn chị đã mời tôi.
깜 언 찌 다 머이 또이

식사 아주 맛있었습니다.

Bữa cơm ngon lắm.
브어 껌 응온 람

초대 · 방문 · 축하

다시 뵙기 바랍니다.

Tôi hy vọng là sớm gặp lại anh.

또이 히 봉 라 썸 갑 라이 아잉

운전 조심하세요.

Hãy lái xe cẩn thận.

하이 라이 쌔 껀 턴

가장 가까운 역까지 안내해 드리겠습니다.

Tôi sẽ hướng dẫn cho anh đến ga gần nhất.

또이 쌔 흐엉 전 쪼 아잉 덴 가 건 녓

언제든 들르세요.

Hãy đến thăm nhà tôi bất cứ lúc nào rảnh nhé.

하이 덴 탐 냐 또이 벗 끄 룩 나오 자잉 녜

부모님께 안부 전해 주세요.

Xin cho tôi gửi lời hỏi thăm bố mẹ chị nhé.

씬 쪼 또이 그이 러이 호이 탐 보 매 찌 녜

배웅하지 마세요. 감사합니다.

Không cần tiễn tôi đâu. Cảm ơn.

콩 껀 띠엔 또이 더우 깜 언

오늘 감사했습니다. 안녕히 계세요.

Hôm nay cám ơn nhiều nhé! Hẹn gặp lại.

홈 나이 깜 언 니에우 녜 핸 갑 라이

제6장 6. 축하의 표현

주요표현

A : Chúc mừng năm mới!
쭉 믕 남 머이

B : Chúc một năm mới hạnh phúc!
쭉 못 남 머이 하잉 푹

A : 새해 복 많이 받으세요!
B : 행복한 새해 보내세요!

메리 크리스마스!

Chúc mừng Giáng sinh/Nô-en!
쭉 믕 지앙 씽/노엔

생일 축하해요!

Chúc mừng sinh nhật!
쭉 믕 씽 녓

오래오래 사세요!(생일)

Chúc sống lâu trăm tuổi!
쭉 쏭 러우 짬 뚜오이

축하합니다!

Xin chúc mừng!
씬 쭉 믕

졸업 축하 드립니다!

Chúc mừng tốt nghiệp!
쭉 믕 똣 응이엡

초대·방문·축하

결혼 25주년 축하해요!

Xin chúc mừng 25 năm kỷ niệm ngày kết hôn!

씬 쭉 믕 하이므어이남 남 끼 니엠 응아이 껫 혼

행운을 빌어요!

Chúc may mắn!

쭉 마이 만

항상 건강하세요!

Chúc khỏe mạnh!

쭉 코애 마잉

성공을 기원합니다!

Chúc thành công!

쭉 타잉 꽁

행복한 하루 보내세요.

Chúc một ngày hạnh phúc.

쭉 못 응아이 하잉 푹

제6장 — 7. 신년, 기념일 축하

A : Chúc mừng năm mới.
쭉 믕 남 머이

B : Chúc vạn sự như ý trong năm mới.
쭉 반 쓰 뉴 이 쫑 남 머이

A : 새해 복 많이 받으세요.
B : 새해에는 모든 일이 뜻하시는 대로 되길!

새해에는 생각하시는 일이 잘 되기를 바랍니다.

Chúc mọi việc thuận lợi trong năm mới.
쭉 모이 비엑 투언 러이 쫑 남 머이

메리크리스마스!

Chúc mừng giáng sinh!
쭉 믕 쟝 싱

생일 축하해!

Chúc mừng sinh nhật.
쭉 믕 씽 녓

행복하세요!(결혼한 부부에게)

Chúc hạnh phúc!
쭉 하잉 푹

결혼기념일을 축하해요.

Xin chúc mừng ngày kỷ niệm kết hôn.
씬 쭉 믕 응아이 끼 니엠 껫 혼

초대 · 방문 · 축하

어머니날을 축하해요.
Chúc mừng ngày của mẹ.
쭉 믕 응아이 꾸어 매

바라는 바 뜻대로 이루시길 바랍니다.
Chúc mọi việc đều tốt đẹp và hạnh phúc.
쭉 모이 비엑 데우 똣 댑 바 하잉 푹

한 살 더 먹은 것을 축하해요.
Chúc mừng thêm một tuổi.
쭉 믕 템 못 뚜오이

서로의 건강을 기원합니다.
Người Việt Nam gặp và chúc sức khỏe lẫn nhau.
응어이 비엣 남 갑 바 쭉 쓱 코애 런 나우

관련단어

주요 공휴일

Tết Dương Lịch   신년(양력 1월 1일)
뗏 즈엉 릭

Tết Nguyên Đán / Tết   설날(음력 1월 1일)
뗏 응우옌 단 / 뗏

Ngày Thành lập CSVN   베트남 공산당 창당기념일(2월 3일)
응아이 타잉 럽 꽁 싼 비엣 남

Phật Đản   석가탄신일(음력 4월 8일)
팟 단

Giải Phóng Miền Nam   해방기념일(4월 30일)
쟈이 퐁 미엔 남

Ngày lao động quốc tế   노동절, 국제노동자의 날(5월 1일)
응아이 라오 동 꾸옥 떼

Sinh nhật Bác Hồ   호찌민 탄신일(5월 19일)
씽 녓 박 호

Ngày Quốc Khánh   독립선언일(9월 2일)
응아이 꾸옥 카잉

Giáng Sinh   크리스마스(12월 25일)
쟝 씽

쇼핑 · 식사

7장

1. 물건을 고를 때
2. 슈퍼에서
3. 가격 흥정하기
4. 물건 값 계산하기
5. 교환, 반품
6. 음식점에서
7. 음식 주문하기
8. 대중식당 껌빈전에서
9. 맛에 대한 표현
10. 술을 마실 때
11. 식사 시의 기타 요청
12. 식사비 계산하기

Vietnamese

제7장   1. 물건을 고를 때

> **A : Cho tôi xem màu khác.**
> 쪼 또이 쌤 마우 칵
>
> **B : Đây là màu đỏ và màu đen.**
> 더이 라 마우 도 바 마우 댄
>
> A : 다른 색들을 보여 주세요.
> B : 여기 빨간색과 검은색이 있습니다.

이것 좀 보겠습니다.
Để tôi xem cái này.
데 또이 쌤 까이 나이

다른 것을 보여 주세요.
Cho tôi xem cái khác.
쪼 또이 쌤 까이 칵

저걸 보여 주세요.
Anh hãy cho tôi xem cái kia.
아잉 하이 쪼 또이 쌤 까이 끼어

조금 작은[큰] 것 없습니까?
Có cái nào nhỏ[to] hơn không?
꼬 까이 나오 뇨 [또] 헌 콩

고급스러운 것은 없나요?
Có cái nào sang trọng không?
꼬 까이 나오 쌍 쫑 콩

쇼핑 · 식사

좀더 심플한 것을 원합니다.

Tôi muốn cái đơn giản hơn.

또이 무온 까이 던 지안 헌

이거랑 같은 거 있나요?

Có cái nào giống như cái này không?

꼬 까이 나오 지옹 니으 까이 나이 콩

이거 다른 색은 없나요?

Cái này có màu khác không?

까이 나이 꼬 마우 칵 콩

이게 제일 잘 팔립니다.

Cái này bán chạy nhất.

까이 나이 반 짜이 녓

다 팔렸습니다.

Bán hết rồi.

반 헷 조이

불티나게 팔립니다.

Bán chạy như tôm tươi.

반 짜이 니으 똠 뜨어이

그 물건은 여기서 판매하지 않습니다.

Cái đó không bán ở đây.

까이 도 콩 반 어 더이

제7장 2. 슈퍼에서

> **주요표현**
>
> A : Làm ơn bớt cho tôi.
> 람 언 벗 쪼 또이
>
> B : Bây giờ mua một tặng một.
> 버이 져 무어 못 땅 못
>
> A : 싸게 해주시지 않겠습니까?
> B : 지금 1+1 행사 중입니다.

이거 세일 가격인가요?

Giá này là giá đã giảm rồi, phải không?
쟈 나이 라 쟈 다 지암 조이 파이 콩

조금 비싸네요.

Hơi đắt.
허이 닷

싼 것 없습니까?

Có cái nào rẻ hơn không?
꼬 까이 나오 제 헌 콩

2+1 행사 중입니다.

Đang khuyến mại mua 2 tặng 1.
당 쿠이엔 마이 무어 하이 땅 못

돈 다 썼습니다.

Tôi hết tiền rồi.
또이 헷 띠엔 조이

쇼핑 • 식사

돈이 모자라요.

không đủ tiền.

콩 두 띠엔

저쪽 집에서는 35만 동하던데요.

Ở cửa hàng kia chỉ có 350.000 đồng thôi.

어 끄어 항 끼어 찌 꼬 바쨈남므어이응인(응안) 동 토이

여기는 정찰제입니다.

Ở đây bán đúng giá.

어 더이 반 둥 지아

어이구! 돈을 너무 많이 썼네!

Trời ơi! Tốn tiền lắm!

쩌이 어이 똔 띠엔 람

할인은 안 되고 하나 더 가져가세요.

Không được giảm giá nhưng anh có thể lấy thêm một cái.

콩 드억 잠 쟈 늉 아잉 꼬 태 러이 템 못 까이

50만 동 이상 사시면 5만 동 빼드립니다.

Nếu mua hơn 500.000 đồng thì sẽ được bớt cho 50.000 đồng.

네우 무어 헌 남짬응인(응안) 동 티 쌔 드억 벗 쪼 남므어이응인(응안) 동

163

제7장 3. 가격 흥정하기

> **주요표현**
>
> A : Cái này bao nhiêu tiền?
> 까이 나이 바오 니에우 띠엔
>
> B : 90.000 đồng.
> 찐므어이응인(응안) 동
>
> A : 이거 얼마입니까?
> B : 9만 동입니다.

얼마입니까?

Bao nhiêu tiền?

바오 니에우 띠엔

얼마 계산하면 됩니까?

Tôi phải trả bao nhiêu?

또이 파이 짜 바오 니에우

이 물건은 세일 중입니까?

Hàng này đang giảm giá không?

항 나이 당 지암 쟈 콩

세일은 언제까지입니까?

Giảm giá cho đến khi nào?

지암 쟈 쪼 덴 키 나오

좀 깎아 주세요.

Xin bớt cho.

씬 벗 쪼

쇼핑 • 식사

너무 비싸요.

Quá đắt.
꾸아 닷

됐어요! 안 사요.

Thôi! Tôi không mua.
토이 또이 콩 무어

전부 35만 동입니다.

Tất cả là 350.000 đồng.
떳 까 라 바짬남므어이응인(응안) 동

2만 동 빼드릴게요.

Bớt cho chị 20.000 đồng.
벗 쪼 찌 하이 므어이응인(응안) 동

5만 동 더 깎아 주세요.

Xin bớt cho tôi 50.000 đồng nữa.
씬 벗 쪼 또이 남므어이응인(응안) 동 느어

안 깎아 주면 안 삽니다.

Nếu không bớt thì tôi không mua đâu.
네우 콩 벗 티 또이 콩 무어 더우

네, 깎아 줄게요.

Thôi được. Bớt cho chị nhé.
토이 드억 벗 쪼 찌 녜

제7장   4. 물건 값 계산하기

주요표현

A : Cái này thế nào?
까이 나이 테 나오

B : Tốt quá, tôi sẽ mua cái đó.
뜻 꾸아 또이 쌔 무어 까이 도

A : 이거 어때요?
B : 좋습니다. 그걸로 하겠습니다.

선물 포장해 주세요.
Hãy gói quà cho tôi.
하이 고이 꾸아 쪼 또이

현금입니까, 아니면 카드입니까?
Tiền mặt hay là thẻ?
띠엔 맛 하이 라 태

이 신용카드 받습니까?
Tôi thanh toán bằng thẻ tín dụng này được không?
또이 타잉 또안 방 태 띤 중 나이 드윽 콩

달러로 계산해도 됩니까?
Trả bằng đô-la được không?
짜 방 돌라 드윽 콩

달러로는 얼마인가요?
Bằng đô-la bao nhiêu tiền?
방 돌라 바오 니에우 띠엔

쇼핑·식사

이거 베트남 동으로는 얼마인가요?
Cái này tính sang tiền Việt là bao nhiêu?
까이 나이 띵 쌍 띠엔 비엣 라 바오 니에우

여기 영수증 받으세요.
Đây là hóa đơn của anh.
더이 라 호아 던 꾸어 아잉

이걸 다른 걸로 교환해 주세요.
Đổi cho tôi cái khác.
도이 쪼 또이 까이 칵

환불해 주세요.
Làm ơn cho tôi trả lại.
람 언 쪼 또이 짜 라이

영수증을 보여 주세요.
Cho tôi xem biên lai.
쪼 또이 쌤 비엔 라이

환불은 안 되고 교환은 가능합니다.
Chúng tôi không cho trả lại, chỉ cho đổi hàng.
쭝 또이 콩 쪼 짜 라이 찌 쪼 도이 항

환불은 절대 안 됩니다.
Ở đây không được trả lại.
어 더이 콩 드억 짜 라이

제7장 5. 교환, 반품

> A : Anh cần gì ạ?
> 아잉 껀 지 아
>
> B : Tôi muốn trả lại cái này.
> 또이 무온 짜 라이 까이 나이
>
> A : 무슨 일이십니까?
> B : 이거 반품하고 싶은데요.

색깔이 변했어요.
Màu đã thay đổi.
마우 다 타이 도이

여기가 찢어져 있어요.
Chỗ này bị rách.
쪼 나이 비 자익

보증서는 있습니까?
Có giấy bảo hành không?
꼬 져이 바오 하잉 콩

바꿔주실 수 있나요?
Cho tôi đổi cái này được không?
쪼 또이 도이 까이 나이 드억 콩

교환 가능한가요?
Em có thể đổi được không?
앰 꼬 테 도이 드억 콩

쇼핑・식사

환불 받고 싶은데요.
Tôi muốn nhận lại tiền.
또이 무온 년 라이 띠엔

사이즈만 바꿔 주세요.
Xin đổi cỡ khác thôi nhé.
씬 도이 꺼 칵 토이 녜

가격은 같습니까?
Giá cả có giống không?
쟈 까 꼬 죵 콩

가격표를 떼면 반품은 안 됩니다.
Nếu gỡ bảng giá thì không được trả lại.
네우 거 방 쟈 티 콩 드억 짜 라이

물건이 좋지 않아서 반품합니다.
Hàng không tốt nên tôi muốn trả lại.
항 콩 똣 넨 또이 무온 짜 라이

제7장 6. 음식점에서

> A : Tôi muốn đặt bữa ăn trưa.
> 또이 무온 닷 브어 안 쯔어
>
> B : Mấy người ạ?
> 머이 응어이 아
>
> A : 점심식사 예약하겠습니다.
> B : 몇 분이세요?

쩐 반 득 명의로 예약을 했습니다.

Tôi đã đặt trước bằng tên là Trần Văn Đức.
또이 다 닷 쯔억 방 뗀 라 쩐 반 득

확인해 주세요.

Xác nhận cho tôi.
싹 년 쪼 또이

예약되어 있습니다.

Vâng, đã đặt rồi ạ.
벙 다 닷 조이 아

일행이 몇 분이십니까?

Có mấy người ạ?
꼬 머이 응어이 아

5인용 자리 부탁합니다.

Cho tôi chỗ 5 người.
쪼 또이 쪼 남 응어이

쇼핑·식사

안쪽에서 드시겠습니까, 아니면 바깥쪽에서 드시겠습니까?

Anh muốn ngồi trong hay ngồi ngoài.

아잉 무온 응오이 쫑 하이 응오이 응오아이

바깥쪽으로 해주세요.

Cho tôi chỗ bên ngoài.

쪼 또이 쪼 벤 응오아이

창가 테이블을 원합니다.

Tôi muốn chỗ gần cửa sổ.

또이 무온 쪼 건 끄어 쏘

여기서 기다려 주시겠습니까?

Xin đợi ở đây một chút ạ.

씬 더이 어 더이 못 쭛 아

얼마나 기다려야 합니까?

Tôi phải chờ bao lâu?

또이 파이 쩌 바오 러우

오래 기다리셨습니다. 이쪽으로 오십시오.

Xin lỗi để anh chờ lâu. Mời anh vào đây.

씬 로이 데 아잉 쩌 러우 머이 아잉 바오 더이

주방장의 추천요리는 무엇입니까?

Đầu bếp muốn giới thiệu món gì?

더우 벱 무온 져이 티에우 몬 지

171

7. 음식 주문하기

A : Các anh chị dùng gì?
깍 아잉 찌 중 지

B : Cho tôi một đĩa bánh xèo.
쪼 또이 못 디아 바잉 쌔오

A : 무엇을 드시겠습니까?
B : 반쎄오 한 접시 주세요.

주문하시겠습니까?

Chị muốn ăn gì?
찌 무온 안 지

메뉴 좀 보여주세요.

Cho tôi xem menu.
쪼 또이 쌤 메뉴

준비되면 불러주세요.

Sau khi chọn xong anh hãy gọi tôi nhé.
싸우 키 쫀 쏭 아잉 하이 고이 또이 녜

오늘의 특별요리는 무엇입니까?

Hôm nay có món gì đặc biệt không?
홈 나이 꼬 몬 지 닥 비엣 콩

어떤 것을 추천하시겠습니까?

Anh sẽ gợi ý món nào?
아잉 쌔 거이 이 몬 나오

쇼핑·식사

분팃느엉 한 접시와 분보후에 한 그릇 주세요.

Cho tôi một đĩa bún thịt nướng và bún bò Huế.

쪼 또이 못 디아 분 팃 느엉 바 분 보 후에

해산물 볶음밥을 주세요.

Cho tôi cơm chiên hải sản.

쪼 또이 껌 찌엔 하이 싼

닭고기 쌀국수 두 그릇 주세요.

Cho tôi hai tô phở gà.

쪼 또이 하이 또 퍼 가

이걸 먹겠습니다.

Tôi muốn ăn cái này.

또이 무온 안 까이 나이

저도 같은 것을 주세요.

Tôi cũng ăn cái đó.

또이 꿍 안 까이 도

당신이 먹고 싶은 거 시키면 저도 그거 먹을래요.

Anh gọi món nào tôi sẽ ăn món ấy.

아잉 고이 몬 나오 또이 쌔 안 몬 어이

음식을 주문할 때는 'cho tôi + 수량 + 단위 + 음식 이름'과 같이 순서대로 말하면 됩니다.

Cho tôi một tô phở bò. 소고기 쌀국수 한 그릇 주세요.

제7장 8. 대중식당 껌빈전에서

> **A :** Anh muốn dùng gì?
> 아잉 무온 중 지
>
> **B :** Cho tôi một đĩa cơm sườn.
> 쪼 또이 못 디아 껌 쓰언
>
> A : 주문하시겠습니까?
> B : 껌스언 한 접시 주세요.

느억 맘 좀 주세요.
Cho tôi chút nước mắm.
쪼 또이 쭛 느억 맘

계란 후라이 추가요.
Cho tôi thêm trứng ốp la.
쪼 또이 템 쯩 옵 라

밥 추가요.
Cho tôi thêm cơm.
쪼 또이 템 껌

국 추가해 주세요.
Cho tôi thêm canh.
쪼 또이 템 까잉

밥 추가에 얼마입니까?
Thêm cơm bao nhiêu?
템 껌 바오 니에우

쇼핑 • 식사

싸 가도 되나요?
Tôi mang về được không?
또이 망 베 드억 콩

짜다(얼음 차) 1잔, 딸기 씬또(생과일 쉐이크) 1잔 주세요.
Cho tôi một cốc trà đá và một cốc sinh tố dâu.
쪼 또이 못 꼭 짜 다 바 못 꼭 씽 또 저우

사이다 한 잔 주세요.
Cho tôi một ly bảy úp.
쪼 또이 못 리 바이 업

오이 좀 더 주세요.
Cho tôi thêm dưa chuột.
쪼 또이 템 즈어 쭈엇

물티슈를 갖다 주세요.
Cho tôi khăn ướt.
쪼 또이 칸 으엇

저 옆집의 쌀국수를 여기서 주문해서 먹어도 되나요?
Tôi có thể gọi phở ở quán bên kia và ăn ở đây được không?
또이 꼬 테 고이 퍼 어 꾸안 벤 끼어 바 안 어 더이 드억 콩

제7장 9. 맛에 대한 표현

> **A : Anh có thích món cay không?**
> 아잉 꼬 틱 몬 까이 콩
>
> **B : Dạ có. Tôi rất thích ớt.**
> 자 꼬 또이 젓 틱 엇
>
> A : 매운 것을 좋아하세요?
> B : 네, 그렇습니다. 고추를 좋아합니다.

맛이 어때요?
Mùi vị thế nào?
무이 비 테 나오

매우 맵습니다.
Cay lắm.
까이 람

맛있어요.
Ngon quá.
응온 꾸아

향긋합니다.
Thơm quá.
텀 꾸아

싱거워요.
Nhạt.
냣

쇼핑・식사

이 음식은 조금 짭니다.

Món này hơi mặn một chút.

몬 나이 허이 만 못 쭛

너무 달아요.

Quá ngọt.

꾸아 응옷

고약한 냄새가 납니다.

Hôi quá.

호이 꾸아

향채 좀 빼주세요.

Đừng cho rau thơm.

등 쪼 자우 텀

이 오렌지는 매우 십니다.

Quả cam này rất chua.

꾸아 깜 나이 젓 쭈어

국이 좀 밍밍하군요.

Canh này hơi nhạt.

까잉 나이 허이 낫

맛이 없네요.

Món này dở quá.

몬 나이 져 꾸아

177

제7장 10. 술을 마실 때

주요표현

A : Anh có muốn uống một chén không?
아잉 꼬 무온 우옹 못 짼 콩

B : Được thôi.
드억 토이

A : 한잔 어떻습니까?
B : 그러지요.

한잔 사겠습니다.
Tôi sẽ mời anh uống rượu.
또이 쌔 머이 아잉 우옹 즈어우

건배!
Một hai ba dô!
못 하이 바 조

우리의 건강을 위하여!
Chúc sức khỏe!
쭉 쓱 코애

우리의 우정을 위하여!
Chúc cho tình bạn của chúng ta!
쭉 쪼 띵 반 꾸어 쭝 따

술이 세군요.
Tửu lượng của anh rất mạnh.
뜨우 르엉 꾸어 아잉 젓 마잉

쇼핑·식사

많이 못 마셔요.

Tôi không uống nhiều được.

또이 콩 우옹 니에우 드억

제가 따라 드리겠습니다.

Để tôi rót rượu cho anh.

데 또이 좃 즈어우 쪼 아잉

좀 더 마시겠습니까?

Anh muốn uống thêm nữa không?

아잉 무온 우옹 템 느어 콩

한 잔 더 하겠습니다.

Một cốc nữa.

못 꼭 느어

이젠 됐습니다.

Bây giờ đủ rồi.

버이 져 두 조이

저는 이제 취한 것 같습니다.

Có lẽ tôi bị say rượu.

꼬 래 또이 비 싸이 즈어우

베트남 사람들과 술을 함께 마시게 되면 자신도 모르는 사이에 chúc sức khỏe라는 말을 배우게 됩니다. chúc은 기원하는 말로 '~하길 바래요!'라는 말이고, sức khỏe는 '건강'이라는 뜻입니다. 항상 건강을 기원하면서 즐겁게 베트남 사람들과 술을 마시다 보면 한결 더 그들과 친해짐을 느낄 수 있습니다.

제7장 11. 식사 시의 기타 요청

> **주요표현**
>
> A : Món tôi gọi chưa có.
> 몬 또이 고이 쯔어 꼬
>
> B : Xin đợi một chút.
> 씬 더이 못 쭛
>
> A : 저기요, 주문한 게 아직 안 나왔습니다.
> B : 잠시만 기다려 주세요.

이건 내가 주문한 게 아닌데요.

Món này không phải là món tôi đã gọi.
몬 나이 콩 파이 라 몬 또이 다 고이

젓가락을 떨어뜨렸습니다.

Tôi đánh rơi đũa.
또이 다잉 저이 두어

이 숟가락이 너무 지저분합니다.

Cái muỗng này quá bẩn.
까이 무옹 나이 꾸아 번

앞접시 하나 가져다 주세요.

Cho tôi một cái bát.
쪼 또이 못 까이 밧

냅킨 좀 주세요.

Cho tôi khăn giấy.
쪼 또이 칸 저이

쇼핑 • 식사

생수 한 병 주세요.

Cho tôi một chai nước suối.

쪼 또이 못 짜이 느억 쑤오이

이걸 치워 주세요.

Hãy dọn dẹp cái này.

하이 존 젭 까이 나이

이 음식 먹는 방법을 가르쳐 주세요.

Hãy cho tôi biết cách ăn món này như thế nào.

하이 쪼 또이 비엣 까익 안 몬 나이 니으 테 나오

이 음식 맛이 이상해요.

Mùi vị món này lạ quá.

무이 비 몬 나이 라 꾸아

쌀국수 안에 뭔가 있어요.

Trong phở có cái gì.

쫑 퍼 꼬 까이 지

다른 것으로 바꿔 주문해도 되나요?

Tôi gọi món khác được không?

또이 고이 몬 칵 드억 콩

메뉴판을 다시 보여주세요.

Cho tôi xem menu lại.

쪼 또이 쌤 매뉴 라이

제7장 12. 식사비 계산하기

> **A : Em ơi! Tính tiền cho tôi.**
> 앰 어이 띵 띠엔 쪼 또이
>
> **B : Dạ đây, hãy kiểm tra lại.**
> 자 더이 하이 끼엠 짜 라이
>
> A : 저기요! 계산이요.
> B : 여기 있습니다. 확인해 보세요.

전부 얼마입니까?

Tất cả bao nhiêu?
떳 까 바오 니에우

영수증을 주세요.

Cho tôi hóa đơn.
쪼 또이 호아 던

오늘은 내가 내겠습니다.

Hôm nay tôi mời anh.
홈 나이 또이 머이 아잉

다음은 내가 삽니다.

Lần sau tôi mời nhé.
런 싸우 또이 머이 네

각자 냅시다.

Hãy tính tiền riêng.
하이 띵 띠엔 지엥

182

쇼핑 • 식사

계산이 틀렸습니다.

Tính tiền sai rồi.

띵 띠엔 싸이 조이

나는 물수건을 사용 안 했어요.

Tôi chưa sử dụng khăn ướt.

또이 쯔어 스 중 칸 으엇

이건 주문하지 않았습니다.

Món này tôi không gọi.

몬 나이 또이 콩 고이

짜다 하나 취소했는데요.

Tôi đã hủy gọi trà đá.

또이 다 후이 고이 짜 다

넵머이 술을 안 마셨습니다.

Tôi chưa uống rượu nếp mới.

또이 쯔어 우옹 즈어우 넵 머이

우리나라에서는 음식값을 계산할 때 음식을 다 먹고 난 후 계산대에 가서 하지만, 베트남에서는 음식을 먹고 앉은 자리에서 종업원을 불러 계산을 합니다. 계산을 하겠다고 말하면 종업원이 영수증(hóa đơn)을 가지고 옵니다. 차뿐만 아니라 때로는 테이블 위에 놓여 있던 다른 음식값, 물수건도 모두 따로 계산하는 경우도 있기 때문에 자신이 시키지 않았다면 더 꼼꼼히 살펴봐야 합니다. 베트남은 돈 단위가 크기 때문에 계산도 복잡하고 종종 쓰지도 않은 물수건 값을 함께 청구하는 식당도 있기 때문입니다.

관련단어

의류

quần áo	꾸언 아오	의류
đồng phục	동 푹	제복, 교복, 유니폼
lễ phục	레 푹	예복
áo khoác	아오 코악	외투, 점퍼, 코트
áo choàng	아오 쪼앙	외투, 점퍼
áo vét	아오 뱃	양복
âu phục	어우 푹	양복
áo sơ mi	아오 써 미	셔츠, 와이셔츠
cà vạt	까 밧	넥타이
áo len đan	아오 랜 단	가디건
áo vét tông	아오 뱃 똥	양복 상의, 재킷
quần	꾸언	바지
quần kaki	꾸언 까끼	면바지
quần jean	꾸언 진	청바지
áo lao động	아오 라오 동	작업복
áo thun	아오 툰	티셔츠
áo váy	아오 바이	드레스, 원피스
áo cánh	아오 까잉(깐)	블라우스
áo cưới	아오 끄어이	웨딩드레스
váy	바이	치마
áo ghi lê	아오 기 레	조끼
áo len	아오 랜	스웨터
áo lót	아오 롯	속옷
nịt ngực	닛 응윽	브래지어
áo ngực	아오 응윽	브래지어
quần lót	꾸언 롯	팬티

áo ngủ	아오 응우	잠옷
áo mưa	아오 므어	비옷
áo dài	아오 자이(야이)	아오자이
khăn choàng vai	칸 쪼앙 바이	숄

신발, 액세서리 등

nón	논	모자
khăn quàng	칸 꾸앙	스카프, 머플러
tất giầy	떳 지어이(여이)	스타킹
dây lưng	져이(여이) 릉	허리띠, 혁대
bao tay	바오 따이	장갑
găng tay	강 따이	장갑
giầy dép	지어이(여이) 잽(앱)	신발
giầy	지어이(여이)	구두, 신발
giầy cao gót	지어이(여이) 까오 곳	하이힐
dép	잽(앱)	실내화, 슬리퍼
giầy thể thao	지어이(여이) 테 타오	운동화
đồ trang sức	도 짱 쓱	장신구
nữ trang	느 짱	액세서리, 보석, 장신구
nhẫn	년	반지
bông tai	봉 따이	귀걸이
dây chuyền	져이(여이) 쭈이엔	목걸이
vòng tai	봉 따이	팔찌
kính	낑	안경
kính chống nắng	낑 쫑 낭	선글라스
kính áp tròng	낑 압 쫑	렌즈
đồng hồ đeo tay	동 호 대오 따이	손목시계

관련단어

ví	비	지갑
khăn tay	칸 따이	손수건

양념

gia vị	쟈 비	양념, 향신료
nước sốt	느억 쏫	소스, 드레싱
nước sốt cà chua nấm	느억 쏫 까 쭈어 넘	케첩
nước sốt mayonne	느억 쏫 마요네	마요네즈
bơ	버	버터
pho mát	포 맛	치즈
kem	깸	크림
muối	무오이	소금
đường	드엉	설탕
nước tương	느억 뜨엉	간장
tương ớt	뜨엉 엇	칠리소스
hạt tiêu	핫 띠에우	후추
hạt vừng	핫 븡	참깨
bột ớt	봇 엇	고춧가루
hành tây	하잉(한) 떠이	양파
tỏi	또이	마늘
ớt	엇	고추
ớt trái	엇 짜이	매운 고추
đá	다	얼음
nước mắm	느억 맘	멸치액젓, 생선소스
mắm tôm	맘 똠	새우젓갈장
mì chính	미 찡	조미료

쇼핑·식사

bột ngọt	봇 응옷	조미료
lạc	락	땅콩

음료수

nước suối	느억 쑤오이	생수
nước lọc	느억 록	생수
nước giải khát	느억 자이(야이) 캇	음료수
cola	꼴라	콜라
bảy úp	바이 업	세븐업, 스프라이트, 사이다
nước ép trái cây	느억 앱 짜이 꺼이	과일 주스 (과일을 짠 주스)
nước trái cây	느억 짜이 꺼이	과일 주스
nước cam	느억 깜	오렌지 주스
nước chanh	느억 짜잉(짠)	레몬 주스
nước dừa	느억 즈어(이으어)	코코넛 주스
nước mía	느억 미아	사탕수수 주스
sinh tố	씽 또	생과일 쉐이크
trà	짜	차
cà phê	까 페	커피
cà phê đen	까 페 댄	블랙커피
cà phê sữa	까 페 쓰어	밀크커피
cà phê sữa đá	까 페 쓰어 다	아이스 밀크커피
sữa	쓰어	우유
rượu	즈어우(르어우)	술
bia	비어	맥주
rượu vang	즈어우(르어우) 방	포도주
rượu nếp mới	즈어우(르어우) 녭 머이	베트남 전통주

관련단어

rượu tây	즈어우(르어우) 떠이	양주
rượu soju	즈어우(르어우) 소주	소주

음식

món ăn	몬 안	음식
thức ăn	특 안	음식
bữa ăn	브어 안	식사, 끼니
bữa sáng	브어 쌍	아침
bữa trưa	브어 쯔어	점심
bữa tối	브어 또이	저녁
bánh mì	바잉(반) 미	빵
bánh	바잉(반)	떡, 빵
gạo	가오	쌀
súp	쑵	수프
canh	까잉(깐)	국
thịt gà	팃 가	닭고기
thịt bò	팃 보	소고기
thịt heo / thịt lợn	팃 해오 / 팃 런	돼지고기
cá	까	생선
tôm	똠	새우
mực	믁	오징어
cua	꾸어	게
bò	버	소
lợn	런	돼지
heo	해오	돼지
phở	퍼	쌀국수
cơm	껌	밥
xà lách	싸 라익(락)	샐러드

trứng rán	쯩 잔(란)	계란 오믈렛
trứng chiên	쯩 찌엔	계란 오믈렛
trứng ốp la	쯩 옵 라	계란 후라이
mật ong	멋 옹	꿀
mì	미	국수
hủ tiếu	후 띠에우	국수
bún	분	국수
miến	미엔	가는 국수
xào	싸오	볶다
rán	잔(란)	튀기다, 볶다
chiên	찌엔	튀기다, 볶다
nướng	느엉	굽다
lẩu	러우	탕, 전골
luộc	루옥	삶다
hấp	헙	찌다
cuốn	꾸온	말다, 말이
rau	자우(라우)	야채
món tráng miệng	몬 짱 미엥	디저트, 후식
bánh ngọt	바잉(반) 응옷	케이크
bánh sinh nhật	바잉(반) 씽 녓	생일 케이크
sô cô la	쏘 꼴 라	초콜릿
hoa quả	호아 꾸아	과일
trái cây	짜이 꺼이	과일
kem	깸	아이스크림

맛

mùi vị	무이 비	맛
mùi	무이	냄새, 향기

관련단어

vị	비	맛
ngon	응온	맛있는
dở	져(여)	맛없는
cay	까이	매운
thơm	텀	향긋한
hôi	호이	냄새가 고약한, 지독한
ngọt	응옷	달콤한
mặn	만	짠
nhạt	녓	싱거운
chua	쭈어	시다
đắng	당	쓰다
ngấy	응어이	기름진, 느끼한

교통

8장

1. 길을 물을 때
2. 길을 안내할 때
3. 버스를 이용할 때
4. 택시를 이용할 때
5. 쌔옴을 이용할 때
6. 열차를 이용할 때
7. 기내에서

Vietnamese

제8장   1. 길을 물을 때

주요표현

A : Hồ Hoàn Kiếm ở đâu?
호 호안 끼엠 어 더우

B : Anh đi thẳng đường này.
아잉 디 탕 드엉 나이

A : 호안끼엠 호수는 어디에 있어요?
B : 저 길을 곧바로 가세요.

말씀 좀 묻겠습니다.

Làm ơn cho tôi hỏi một chút.
람 언 쪼 또이 호이 못 쭛

호찌민 대성당 가는 길을 알려주세요.

Xin cho tôi biết đường đi nhà thờ Đức Bà.
씬 쪼 또이 비엣 드엉 디 냐 터 득 바

데탐 거리는 어떻게 가지요?

Đến đường Đề Thám phải đi như thế nào?
덴 드엉 데 탐 파이 디 니으 테 나오

이 주소를 찾고 있습니다.

Tôi đang tìm địa chỉ này.
또이 당 띰 디아 찌 나이

걸어갈 수 있습니까?

Tôi có thể đi bộ được không?
또이 꼬 테 디 보 드억 콩

교통

걸어서 얼마나 걸려요?

Đi bộ mất bao lâu?
디 보 멋 바오 러우

30분 정도 걸립니다.

Mất khoảng 30 phút.
멋 코앙 바므어이 풋

버스를 타세요.

Anh hãy đi xe buýt đi.
아잉 하이 디 쌔 부잇 디

여기서 멉니까?

Từ đây có xa không?
뜨 더이 꼬 싸 콩

여기서 가깝습니다.

Đi từ đây thì gần.
디 뜨 더이 티 건

여기서 멉니다. 택시를 부르세요.

Đi từ đây hơi xa. Anh hãy gọi tắc xi.
디 뜨 더이 허이 싸 아잉 하이 고이 딱 씨

여기서 거기까지 거리가 얼마나 되나요?

Từ đây đến đó bao xa?
뜨 더이 덴 도 바오 싸

제8장 2. 길을 안내할 때

> A : Anh hãy qua đường này.
> 아잉 하이 꾸아 드엉 나이
>
> B : Dạ vâng. Cảm ơn chị.
> 자 벙 깜 언 찌
>
> A : 이 길을 건너세요.
> B : 알겠습니다. 감사합니다.

이 길입니까?

Đúng đường này không ạ?

둥 드엉 나이 콩 아

이 길을 따라 약 30미터쯤 직진하세요.

Đi thẳng đường này khoảng 30 mét.

디 탕 드엉 나이 코앙 바므어이 맷

여기서 50m 정도입니다.

Từ đây cách đó khoảng 50 mét.

뜨 더이 까익 도 코앙 남므어이 맷

사거리에 도착하면 오른쪽[왼쪽]으로 도세요.

Đến ngã tư thì rẽ phải [trái].

덴 응아 뜨 티 재 파이[짜이]

당신의 왼편에 있습니다.

Ở bên trái của anh.

어 벤 짜이 꾸어 아잉

교통

이 길 맞은편에 있습니다.

Ở đối diện của đường này.

어 도이 지엔 꾸어 드엉 나이

은행 옆에 있습니다.

Ở bên cạnh ngân hàng.

어 벤 까잉 응언 항

경찰서 앞에 있습니다.

Ở trước sở cảnh sát.

어 쯔억 써 까잉 쌋

바로 저기입니다.

Ở đằng kia.

어 당 끼어

쉽게 찾을 수 있습니다.

Rất dễ tìm.

젓 제 띰

📎 **동사도 되고 전치사도 되는 ở**

ở라는 단어는 문장에서 동사 역할도 하고 전치사 역할도 합니다. 구별하는 방법은 문장 속에 ở를 제외한 다른 동사가 ở 앞에 위치할 때 ở는 전치사가 됩니다. 문장 속에 ở를 제외한 다른 동사가 없을 때는 동사 역할을 합니다. ở가 전치사일 때는 '~에서'라는 뜻이고, 동사일 때는 '~에 있다'라는 뜻입니다.

Tôi ở nhà. 나는 집에 있다.

Tôi học ở nhà. 나는 집에서 공부한다.

제8장 3. 버스를 이용할 때

주요표현

A : Xe buýt này đi đường Hai bà Trưng, phải không?
쌔 부잇 나이 디 드엉 하이 바 쯩 파이 콩

B : Dạ vâng. Mời anh lên xe.
자 벙 머이 아잉 렌 쌔

A : 이 버스는 하이바쯩 거리에 갑니까?
B : 네 그렇습니다. 타세요.

버스정류장은 어디에 있습니까?

Trạm xe buýt ở đâu?
짬 쌔 부잇 어 더우

공항 가는 버스는 어디서 탈 수 있나요?

Tôi có thể đi xe buýt ra sân bay ở đâu?
또이 꼬 테 디 쌔 부잇 자 썬 바이 어 더우

버스정류장은 길 건너에 있습니다.

Bến xe buýt nằm ở phía bên kia con đường này.
벤 쌔 부잇 남 어 피어 벤 끼어 꼰 드엉 나이

시내 가는 버스 있습니까?

Ở đây có xe buýt nào đi ra phố không?
어 더이 꼬 쌔 부잇 나오 디 자 포 콩

4번 버스를 타세요.

Hãy lên xe buýt số 4.
하이 렌 쌔 부잇 쏘 본

교통

이 버스 데탐 거리에서 정차합니까?

Xe buýt này có dừng ở đường Đề Thám không?
쌔 부잇 나이 꼬 증 어 드엉 데 탐 콩

이 버스는 어디까지 갑니까?

Xe buýt này đi đến đâu?
쌔 부잇 나이 디 덴 더우

버스 티켓은 어디서 구매하나요?

Mua vé xe buýt ở đâu?
무어 배 쌔 부잇 어 더우

다음 버스는 언제 있어요?

Khi nào có chuyến xe buýt tiếp theo?
키 나오 꼬 쭈이엔 쌔 부잇 띠엡 태오

첫차는 몇 시에 출발합니까?

Chuyến xe thứ nhất khởi hành lúc mấy giờ?
쭈이엔 쌔 트 녓 커이 하잉 룩 머이 져

막차는 몇 시에 있습니까?

Chuyến xe cuối cùng lúc mấy giờ?
쭈이엔 쌔 꾸오이 꿍 룩 머이 져

---

mời는 본래 '초대하다'라는 뜻이지만 'mời+2인칭+동사' 형태가 되면 '~해 주십시오, ~해 주세요'라는 정중한 요청 표현이 됩니다.

Mời anh vào. 어서 오세요.   Mời chị ngồi. 앉으세요.

제8장 4. 택시를 이용할 때

> A : Quý khách đi đâu?
> 꾸이 카익 디 더우
>
> B : Hãy đi đến chợ Bến Thành.
> 하이 디 덴 쩌 벤 타잉
>
> A : 손님, 어디까지 가십니까?
> B : 벤탄 시장으로 갑시다.

비나썬 택시를 불러주세요.
Hãy gọi tắc xi Vina Sun giúp tôi.
하이 고이 딱 씨 비나 썬 지웁 또이

제가 택시를 부르겠습니다.
Để tôi gọi tắc xi.
데 또이 고이 딱 씨

트렁크를 열어주실 수 있나요?
Mở cốp xe cho tôi được không?
머 꼽 쌔 쪼 또이 드억 콩

공항까지 부탁합니다.
Cho tôi đến sân bay.
쪼 또이 덴 썬 바이

이 주소로 가 주세요.
Anh đưa tôi đến địa chỉ này.
아잉 드어 또이 덴 디아 찌 나이

교통

도착했습니다.

Đến nơi rồi ạ.

덴 너이 조이 아

여기서 세워 주세요. 얼마입니까?

Cho tôi dừng ở đây. Hết bao nhiêu tiền?

쪼 또이 즁 어 더이 헷 바오 니에우 띠엔

(돈) 여기 있습니다. 거스름돈은 가지세요.

Tiền đây. Anh không cần thối tiền lại đâu.

띠엔 더이 아잉 콩 껀 토이 띠엔 라이 더우

짐 좀 실어주실 수 있나요?

Anh giúp tôi cất hành lý này vào cốp xe được không?

아잉 지웁 또이 껏 하잉 리 나이 바오 꼽 쌔 드억 콩

국제선이 아니라 국내선으로 갑니다.

Không phải là đi sân bay quốc tế mà là sân bay nội địa.

콩 파이 라 디 썬 바이 꾸옥 떼 마 라 썬 바이 노이 디아

📎 베트남에는 지하철이 없고 버스도 잘 다니지 않아 사람들은 주로 오토바이를 타고 다닙니다. 외국인은 베트남을 방문하게 되면 주로 택시를 이용하는데 이를 악용하여 외국인들을 노린 사기 택시 범죄들이 곳곳에서 일어나고 있습니다. 그래서 베트남에 가게 되면 택시를 유심히 살펴본 후 이용해야 합니다. 믿을 만한 택시로는 'Mailinh 마이링' 택시와 'VINASUN 비나썬' 택시가 있습니다.

제8장 — 5. 쌔옴을 이용할 때

주요표현

A : Chú xe ôm ơi, đi đến đường cộng hòa mất bao nhiêu tiền?
쭈 쌔 옴 어이 디 덴 드엉 꽁 화 멋 바오 니에우 띠엔

B : 70.000 đồng.
바이쭉 동

A : 쌔옴 아저씨, 공화 거리 얼마예요?
B : 70,000동입니다.

푸미흥 8만 동에 갑니다.
Đi Phú Mỹ Hưng chỉ mất 80 thôi.
디 푸 미 흥 찌 멋 땀쭉 토이

1군에 렉스호텔 얼마에 가나요?
Khách sạn Rex ở quận 1 bao nhiêu ạ?
카익 싼 렉쓰 어 꾸언 못 바오 니에우 아

10만 동 주세요.
Cho tôi 100.000 đồng.
쪼 또이 못짬응인 동

10만 동 너무 비싸요. 7만 동에 갑시다!
100.000 đồng quá đắt, 70.000 đi!
못짬응인 동 꾸아 닷 바이쭉 디

안돼요, 지금 막히는 시간이에요. 8만 동 주세요.
Không được, giờ này là giờ cao điểm. 80.000 đồng.
콩 드억 져 나이 라 져 까오 디엠 땀쭉 동

교통

됐어요, 안 타요.
Thôi, không đi.
토이 콩 디

알았어요, 7만 동에 갑시다.
Ok, 70.000 đồng nhé.
오께 바이쭉 동 녜

여기 제 친구도 있는데 쌔옴 한 대 불러주세요.
Có bạn tôi nữa, cho tôi gọi một xe ôm khác.
꼬 반 또이 느어 쪼 또이 고이 못 쌔 옴 칵

헬멧 꼭 쓰세요.
Anh phải đội mũ bảo hiểm.
아잉 파이 도이 무 바오 히엠

안 그러면 경찰에게 벌금을 내야 해요.
Nếu không thì bị công an phạt.
네우 콩 티 비 꽁 안 팟

오토바이 택시 xe ôm

쌔옴은 베트남에서 볼 수 있는 아주 특별한 교통수단입니다. 필자도 과거 베트남에서 유학 생활을 할 때 주로 쌔옴을 타고 많이 이동했습니다.

쌔옴은 오토바이 택시인데, 오토바이의 뒷좌석에 태워 주는 것을 말합니다. 정해진 요금은 따로 없고 목적지를 말하고 흥정을 하여 요금을 정합니다. 따라서 잘 흥정하면 매우 싼 가격에 이동할 수 있습니다.

제8장   6. 열차를 이용할 때

> A : Tàu hỏa này đi Nha Trang, phải không?
> 따우 호아 나이 디 냐 짱 파이 콩
>
> B : Dạ, phải.
> 자 파이
>
> A : 이 열차는 냐짱행입니까? (열차 안에서)
> B : 네, 그렇습니다.

여기 앉아도 될까요?

Tôi ngồi ở đây được không?
또이 응오이 어 더이 드억 콩

네, 앉아도 됩니다.

Dạ, mời anh ngồi.
자 머이 아잉 응오이

아니요, 내 아내의 자리입니다.

Không, chỗ này là chỗ của vợ tôi.
콩 쪼 나이 라 쪼 꾸어 보 또이

좌석을 바꾸어 주세요.

Xin cho tôi đổi chỗ ngồi.
씬 쪼 또이 도이 쪼 응오이

이 열차는 여기서 얼마나 정차하나요?

Xe lửa này dừng lại ở đây bao lâu?
쌔 러어 나이 증 라이 어 더이 바오 러우

교통

남딩까지는 얼마나 걸리나요?

Đến ga Nam Định mất bao lâu?
덴 가 남 딩 멋 바오 러우

남딩은 다음 역입니다.

Ga kế tiếp là ga Nam Định.
가 께 띠엡 라 가 남 딩

이 역에서 내리세요.

Hãy xuống ở ga này.
하이 쑤옹 어 가 나이

여기는 무슨 역입니까?

Ở đây là ga nào?
어 더이 라 가 나오

다음은 무슨 역인가요?

Ga kế tiếp là ga nào?
가 께 띠엡 라 가 나오

203

제8장 7. 기내에서

> A : Chỗ của tôi ở đâu?
> 쪼 꾸어 또이 어 더우
>
> B : Chỗ của cô ở gần cửa sổ đây ạ.
> 쪼 꾸어 꼬 어 건 끄어 쏘 더이 아
>
> A : 제 좌석은 어디입니까?
> B : 여기 창가 쪽입니다.

실례합니다.
Xin lỗi.
씬 로이

여기 앉아도 되겠습니까?
Tôi ngồi đây được không?
또이 응오이 더이 드억 콩

안전벨트를 매 주세요.
Xin vui lòng thắt dây an toàn.
씬 부이 롱 탓 저이 안 또안

음료수를 드시겠습니까?
Anh muốn uống nước giải khát không?
아잉 무온 우옹 느억 지아이 캇 콩

물 한 잔 주세요.
Cho tôi một ly nước suối.
쪼 또이 못 리 느억 쑤오이

교통

오렌지 주스 한 잔 주세요.

Cho tôi một cốc nước cam.
쪼 또이 못 꼭 느억 깜

화장실은 어디입니까?

Toalét ở đâu?
또아렛 어 더우

언제 떤선녓 공항에 도착합니까?

Khi nào hạ cánh sân bay Tân Sơn Nhất?
키 나오 하 까잉 썬 바이 떤 선 녓

베트남은 입국신고서가 필요없습니다.

Ở Việt Nam không cần tờ khai nhập cảnh.
어 비엣 남 콩 껀 떠 카이 녑 까잉

기내에서 면세품 살 수 있습니까?

Tôi có thể mua hàng miễn thuế trong máy bay được không?
또이 꼬 태 무어 항 미엔 투에 쫑 마이 바이 드억 콩

예전에는 베트남에 입국할 때 입국신고서를 꼼꼼하게 작성을 해야 했습니다. 하지만 이 입국신고서 제도는 2011년 사라져 지금은 입국할 때 여권과 왕복 비행기 티켓만 있으면 됩니다.

베트남과 한국은 비자 협정을 통해서 한국 여권을 가지고 베트남에 15일 무비자로 체류가 가능합니다.

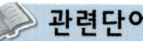

교통수단

giao thông	쟈오(야오) 통	교통
đi lại	디 라이	교통
sân bay	썬 바이	공항
máy bay	마이 바이	비행기
máy bay trực thăng	마이 바이 쯕 탕	헬리콥터
xe lửa	쌔 르어	기차
tàu hỏa	따우 호아	기차
tàu điện ngầm	따우 디엔 응엄	지하철
ga tàu điện ngầm	가 따우 디엔 응엄	지하철역
tắc xi	딱 씨	택시
xe buýt	쌔 부잇	버스
xe buýt con thoi	쌔 부잇 꼰 토이	셔틀버스
xe buýt du lịch	쌔 부잇 주(유) 릭	관광버스
xe buýt trường	쌔 부잇 쯔엉	스쿨버스
trạm xe buýt	짬 쌔 부잇	버스정거장
bến xe buýt	벤 쌔 부잇	버스정류장
xe tải	쌔 따이	트럭
xe cao cấp	쌔 까오 껍	리무진
xe cấp cứu	쌔 껍 끄우	구급차
xe cứu hỏa	쌔 끄우 호아	소방차
xe cáp	쌔 갑	케이블카
xe thể thao	쌔 테 타오	스포츠카
xe máy	쌔 마이	오토바이
xe gắn máy	쌔 간 마이	모페드
xe đạp	쌔 답	자전거
xe xích lô	쌔 씩 로	시클로

xe ôm	쌔 옴	쌔옴(오토바이 택시)
cảng	깡	항구
bến tàu	벤 따우	선착장
tàu thủy	따우 투이	배
tàu thuyền	따우 투이엔	작은 배, 보트
thuyền buồm	투이엔 부옴	돛단배

방향

phương hướng	프엉 흐엉	방향
đông	동	동
tây	떠이	서
nam	남	남
bắc	박	북
đông nam	동 남	동남
tây nam	떠이 남	서남
đông bắc	동 박	동북
tây bắc	떠이 박	서북
phải	파이	오른
trái	짜이	왼
trên	쩬	위
dưới	즈어이(이으어이)	아래
cạnh	까잉(깐)	옆에
gần	건	가까이
trước	쯔억	～앞에
sau	싸우	～뒤에
trong	쫑	～안에
ngoài	응오아이	밖에
lối vào	로이 바오	입구

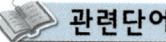 **관련단어**

lối ra	로이 자(라)	출구
ngã tư	응아 뜨	사거리
lòng đường	롱 드엉	횡단보도
bên kia	벤 끼아	저편
bên này	벤 나이	이쪽편
rẽ phải	재(래) 파이	우회전하다
rẽ trái	재(래) 짜이	좌회전하다
đi thẳng	디 탕	직진하다
quay lại	꾸아이 라이	유턴하다

색깔

màu	마우	색깔
màu đỏ	마우 도	빨간색
màu hồng	마우 홍	분홍색
màu đen	마우 덴	검정색
màu cam	마우 깜	주황색
màu gà con	마우 가 꼰	노란색
màu vàng	마우 방	황색
màu xanh	마우 싸잉	푸른색
màu xanh nước biển	마우 싸잉 느억 비엔	파란색
màu xanh da trời	마우 싸잉 자 쩌이	하늘색
màu xanh lá cây	마우 싸잉 라 꺼이	초록색
màu xanh non	마우 싸잉 논	연두색
màu lam	마우 람	남색
màu trắng	마우 짱	흰색
màu nâu	마우 너우	갈색
màu tím	마우 띰	보라색
màu xám	마우 쌈	회색

9장

관광

1. 출입국 심사
2. 수하물 찾기
3. 세관에서
4. 방 예약, 방 구하기
5. 체크인하기
6. 룸서비스
7. 물품 보관
8. 체크아웃
9. 관광지에서
10. 사진을 찍을 때

Vietnamese

제9장 1. 출입국 심사

> A : Anh đến đây để làm gì?
> 아잉 덴 더이 데 람 지
>
> B : Để du lịch.
> 데 주 릭
>
> A : 방문 목적이 무엇입니까?
> B : 관광입니다.

여권을 보여주세요.

Cho tôi xem hộ chiếu.
쪼 또이 쌤 호 찌에우

방문 목적이 무엇입니까?

Anh đến đây nhằm mục đích gì?
아잉 덴 더이 냠 묵 딕 지

사업차 방문입니다.

Kinh doanh.
낑 조아잉

유학입니다.

Du học.
주 혹

여기에 얼마나 체류하실 건가요?

Anh sẽ ở lại trong bao lâu?
아잉 쌔 어 라이 쫑 바오 러우

관광

1개월 정도요.

Khoảng 1 tháng.

코앙 못 탕

어디서 체류하실 겁니까?

Anh định sống ở đâu?

아잉 딩 쏭 어 더우

호찌민 푸미흥에서 체류합니다.

Ở Phú Mỹ Hưng, thành phố Hồ Chí Minh.

어 푸 미 흥 타잉 포 호 찌 밍

귀국 항공권은 갖고 계십니까?

Anh có vé máy bay về nước không?

아잉 꼬 배 마이 바이 베 느억 콩

네, 그렇습니다.

Dạ, vâng.

자 벙

제9장 2. 수하물 찾기

A : Khu nhận hành lý ở đâu?
쿠 년 하잉 리 어 더우

B : Ở tầng dưới.
어 떵 즈어이

A : 짐 찾는 곳은 어디입니까?
B : 이 아래층입니다.

제 짐이 안 나왔습니다.

Tôi không thấy hành lý của tôi.
또이 콩 터이 하잉 리 꾸어 또이

내 가방을 찾을 수 없습니다.

Tôi không tìm được cái túi của tôi.
또이 콩 띰 드억 까이 뚜이 꾸어 또이

가방은 어디서 나옵니까?

Túi ra ở chỗ nào?
뚜이 자 어 쪼 나오

짐 찾는 걸 도와주세요.

Xin giúp tôi tìm hành lý.
씬 지웁 또이 띰 하잉 리

어느 비행편입니까?

Anh bay chuyến bay nào?
아잉 바이 쭈이엔 바이 나오

관광

VN0415편으로 도착했습니다.

Chuyến bay của tôi là VN0415.

쭈이엔 바이 꾸어 또이 라 비엔콩본못남

수하물표를 보여주세요.

Làm ơn cho tôi xem phiếu gửi hành lý.

람 언 쪼 또이 쌤 피에우 그이 하잉 리

가방이 어떤 색깔인가요?

Hành lý của anh màu gì?

하잉 리 꾸어 아잉 마우 지

빨간색입니다.

Màu đỏ.

마우 도

제 짐이 파손되었습니다.

Hành lý của tôi bị hư hỏng.

하잉 리 꾸어 또이 비 흐 홍

여기가 KE0463편 짐 찾는 곳입니까?

Đây có phải là khu nhận hành lý của chuyến bay KE0463 không?

더이 꼬 파이 라 쿠 년 하잉 리 꾸어 쭈이엔 바이 까애콩본싸우바 콩

제9장 3. 세관에서

> A : Anh có gì cần khai báo không?
> 아잉 꼬 지 껀 카이 바오 콩
>
> B : Không, không có.
> 콩 콩 꼬
>
> A : 신고할 물건 있습니까?
> B : 아니요, 없습니다.

세관검사대는 어디입니까?

Nơi khai báo hải quan ở đâu?
너이 카이 바오 하이 꾸안 어 더우

세관신고서를 보여주세요.

Xin cho tôi xem tờ khai báo hải quan.
씬 쪼 또이 쌤 떠 카이 바오 하이 꾸안

가방을 열어주세요.

Hãy mở cái túi này ra.
하이 머 까이 뚜이 나이 자

이 속에 뭐가 들어 있습니까?

Trong túi này đựng cái gì?
쫑 뚜이 나이 등 까이 지

이것은 무엇입니까?

Cái này là cái gì?
까이 나이 라 까이 지

관광

친구 선물입니다.

Cái này là quà cho bạn.

까이 나이 라 꾸아 쪼 반

제 일상용품들입니다.

Cái này là đồ dụng cá nhân.

까이 나이 라 도 중 까 년

이게 제가 가진 것 전부입니다.

Đồ vật tôi chỉ có thế thôi.

도 벗 또이 찌 꼬 테 토이

이 물건은 관세를 지불해야 합니다.

Đồ này anh phải trả thuế.

도 나이 아잉 파이 짜 투에

돈은 얼마나 갖고 계십니까?

Anh hiện có bao nhiêu tiền?

아잉 히엔 고 바오 니에우 띠엔

베트남에 입국할 때 현금 5,000 USD 이상을 휴대 반입하는 경우에는 휴대 금액을 세관에 신고해야 합니다. 신고하지 않은 5,000 USD 이상의 외화는 베트남 은행에 예치가 불가능합니다.

제9장 4. 방 예약, 방 구하기

> A : Tôi muốn đặt phòng trước.
> 또이 무온 닷 퐁 쯔억
>
> B : Làm ơn cho tôi biết tên và số điện thoại của quí khách.
> 람 언 쪼 또이 비엣 뗀 바 쏘 디엔 토아이 꾸어 꾸이 카익
>
> A : 방을 예약하려고 합니다.
> B : 성함과 전화번호를 알려주시겠습니까?

더블룸을 예약하겠습니다.

Tôi muốn đặt phòng đôi.
또이 무온 닷 퐁 도이

저는 이민아이고, 전화번호는 123-1234입니다.

Tôi tên là Lee Min-A, số điện thoại của tôi là 123-1234.
또이 뗀 라 이 민아 쏘 디엔 토아이 꾸어 또이 라 못하이바못하이바본

싱글룸[더블룸]을 원합니다.

Cho tôi phòng đơn[phòng đôi].
쪼 또이 퐁 던 [퐁 도이]

여기는 언제 도착하십니까?

Khi nào quí khách đến đây?
키 나오 꾸이 카익 덴 더이

내일 밤에 갑니다.

Tối mai.
또이 마이

관광

8월 15일에 도착합니다.

Vào ngày 15 tháng 8.

바오 응아이 므어이람 탕 땀

여기서 며칠 머무르십니까?

Anh sẽ ở lại trong mấy ngày?

아잉 쌔 어 라이 쫑 머이 응아이

15일 동안이요.

Trong 15 ngày.

쫑 므어이람 응아이

이제 예약되셨습니다.

Đã đặt xong rồi ạ.

다 닷 쏭 조이 아

예약을 변경[취소]하겠습니다.

Tôi muốn đổi [hủy] lịch đặt của tôi.

또이 무온 도이 [후이] 릭 닷 꾸어 또이

제9장 5. 체크인하기

A : Có phòng trống không?
꼬 퐁 쫑 콩

B : Dạ có.
자 꼬

A : 빈방 있습니까?
B : 네, 있습니다.

예약하셨습니까?

Anh đã đặt phòng chưa?
아잉 다 닷 퐁 쯔어

아니요, 예약 안 했습니다.

Chưa, tôi chưa đặt phòng.
쯔어 또이 쯔어 닷 퐁

지금 체크인할 수 있습니까?

Bây giờ tôi nhận phòng được không?
버이 져 또이 년 퐁 드억 콩

어떤 방에 숙박하시겠습니까?

Anh muốn ở loại phòng nào?
아잉 무온 어 로아이 퐁 나오

얼마나 머무르실 예정입니까?

Anh sẽ ở lại trong bao lâu?
아잉 쌔 어 라이 쫑 바오 러우

관광

3일간입니다.

Trong 3 ngày.

쫑 바 응아이

요금은 하루에 얼마입니까?

Tiền phòng một đêm bao nhiêu?

띠엔 퐁 못 뎀 바오 니에우

여권을 보여주세요.

Cho tôi xem hộ chiếu.

쪼 또이 쌤 호 찌에우

방 번호는 605호이고, 여기 열쇠입니다.

Phòng anh số 605 và chìa khóa của chị đây.

퐁 아잉 쏘 싸우콩남 바 찌아 코아 꾸어 찌 더이

미안하지만, 오늘밤 방이 없습니다.

Xin lỗi, hôm nay hết phòng rồi.

씬 로이 홈 나이 헷 퐁 조이

다른 호텔을 추천해 드리겠습니다.

Để tôi giới thiệu cho quí khách khách sạn khác.

데 또이 저이 티에우 쪼 꾸이 카익 카익 싼 칵

베트남은 날씨가 무덥기 때문에 예약할 때나 체크인할 때 방에 에어컨이 있는지 꼼꼼하게 체크해야 합니다. 에어컨의 유무와 창문의 유무에 따라 금액이 달라지므로 꼭 확인하세요.

제9장 6. 룸서비스

주요표현

A : Phục vụ tại phòng đây. Anh cần gì ạ?
푹 부 따이 퐁 더이 아잉 껀 지 아

B : Chị mang ăn sáng trong phòng tôi được không?
찌 망 안 쌍 쫑 퐁 또이 드억 콩

A : 룸서비스입니다. 무엇을 도와드릴까요?
B : 아침식사를 방에 가져다 줄 수 있습니까?

리셉션입니다. 도와드릴 일 있으세요?

Đây là quầy tiếp tân. Anh cần gì ạ?
더이 라 꾸어이 띠엡 떤 아잉 껀 지 아

다섯 시에 모닝콜을 부탁합니다.

Xin gọi tôi dậy lúc 5 giờ sáng mai.
씬 고이 또이 저이 룩 남 져 쌍 마이

식당은 몇 시에 문 열어요?

Nhà hàng mở cửa lúc mấy giờ?
냐 항 머 끄어 룩 머이 져

세탁 부탁합니다.

Tôi muốn dịch vụ giặt ủi.
또이 무온 직 부 지앗 우이

방이 지저분합니다.

Phòng không sạch sẽ.
퐁 콩 싸익 쌔

관광

너무 시끄럽습니다!
Ồn áo quá!
온 아오 꾸아

방을 바꾸겠습니다.
Tôi muốn đổi phòng khác.
또이 무온 도이 퐁 칵

화장실 휴지를 다 썼습니다.
Trong phòng vệ sinh hết giấy vệ sinh rồi.
쫑 퐁 베 씽 헷 지어이 베 씽 조이

화장실에 수건이 없어요.
Tôi không tìm thấy cái khăn tắm nào trong phòng vệ sinh của tôi.
또이 콩 띰 터이 까이 칸 땀 나오 쫑 퐁 베 씽 꾸어 또이

방문이 잠겼어요. 키를 방에 두고 나왔어요.
Cửa phòng khóa rồi. Tôi để chìa khóa quên trong phòng.
꼬어 퐁 코아 조이 또이 데 찌아 코아 꾸엔 쫑 퐁

모기약 좀 주세요.
Cho tôi thuốc diệt muỗi.
쪼 또이 투옥 지엣 무오이

제9장   7. 물품 보관

> A : Tôi có thể gửi đồ quý ở đây được không?
> 또이 꼬 테 그이 도 꾸이 어 더이 드억 콩
>
> B : Dạ được. Xin cho vào túi và đóng kín lại.
> 자 드억 씬 쪼 바오 뚜이 바 동 낀 라이
>
> A : 귀중품을 여기 맡길 수 있습니까?
> B : 네, 그렇습니다. 이 봉투에 넣고 봉해 주세요.

방에 금고가 있습니까?

Trong phòng có két sắt không?
쫑 퐁 꼬 깻 쌋 콩

이 짐을 저녁까지 맡아주시겠습니까?

Tôi có thể gửi đồ đến tối nay được không?
또이 꼬 테 그이 도 덴 또이 나이 드억 콩

이것을 체크아웃 때까지 맡아주세요.

Xin vui lòng giữ lại cái này cho đến khi trả phòng.
씬 부이 롱 찌으 라이 까이 나이 쪼 덴 키 짜 퐁

제 짐을 찾아도 되겠습니까?

Tôi có thể nhận lại hành lý của tôi được không?
또이 꼬 테 년 라이 하잉 리 꾸어 또이 드억 콩

여기서 환전할 수 있습니까?

Ở đây có thể đổi tiền không?
어 더이 꼬 테 도이 띠엔 콩

관광

여기서 팩스를 보낼 수 있습니까?

Tôi gửi fax ở đây được không?

또이 그이 팩스 어 더이 드억 콩

인터넷 할 수 있습니까?

Tôi sử dụng được internet không?

또이 쓰 중 드억 인떠넷 콩

내게 온 메시지 없습니까?

Có ai nhắn gì cho tôi không?

꼬 아이 냔 지 쪼 또이 콩

이 편지를 항공우편으로 한국에 보내주시겠습니까?

Tôi có thể gửi thư này bằng đường hàng không đến Hàn Quốc không?

또이 꼬 테 그이 트 나이 방 드엉 항 콩 덴 한 꾸옥 콩

시내 지도 하나 주시겠습니까?

Xin cho tôi một tấm bản đồ thành phố được không?

씬 쪼 또이 못 떰 반 도 타잉 포 드억 콩

이 지도에서 호찌민 중앙우체국을 알려주시겠습니까?

Anh có thể chỉ cho tôi bưu điện thành phố trên bản đồ này?

아잉 꼬 테 찌 쪼 또이 브우 디엔 타잉 포 쩬 반 도 나이

223

제9장 8. 체크아웃

주요표현

A : Bây giờ tôi muốn trả phòng.
버이 져 또이 무온 짜 퐁

B : Dạ phòng số mấy ạ?
자 퐁 쏘 머이 아

A : 지금 체크아웃하겠습니다.
B : 네, 몇 호실이죠?

체크아웃 시간은 몇 시입니까?
Giờ trả phòng là mấy giờ?
져 짜 퐁 라 머이 져

오후 12시입니다.
12 giờ trưa ạ.
므어이하이 져 쯔어 아

하루 더 연장하겠습니다.
Tôi muốn ở thêm một ngày nữa.
또이 무온 어 템 못 응아이 느어

체크아웃 시간을 2시간 연장할 수 있습니까?
Tôi muốn trả phòng muộn hơn 2 tiếng, được không?
또이 무온 짜 퐁 무온 헌 하이 띠엥 드억 콩

2시간 연장해 드리겠습니다.
Cho anh muộn hơn 2 tiếng ạ.
쪼 아잉 무온 헌 하이 띠엥 아

관광

이 짐을 3시까지 맡아 주세요.
Hãy giữ hành lý này hộ tôi đến 3 giờ chiều.
하이 지으 하잉 리 나이 호 또이 덴 바 져 찌에우

방 키 여기 있습니다.
Đây là chìa khóa phòng tôi.
더이 라 찌아 코아 퐁 또이

얼마입니까?
Bao nhiêu tiền?
바오 니에우 띠엔

이 계산서에 착오가 있는 것 같습니다.
Tôi nghĩ là hóa đơn này sai rồi.
또이 응이 라 호아 던 나이 싸이 조이

미니바는 사용하지 않았습니다.
Tôi đã không dùng mini-bar.
또이 다 콩 중 미니바

비나썬 택시를 불러주세요.
Cho tôi gọi tắc xi Vinasun.
쪼 또이 고이 딱 씨 비나썬

이용해 주셔서 감사합니다.
Cám ơn đã sử dụng dịch vụ của khách sạn chúng tôi.
깜 언 다 쓰 중 직 부 꾸어 카익 싼 쭝 또이

제9장 9. 관광지에서

> A : Múa rối nước bắt đầu lúc mấy giờ?
> 무어 조이 느억 밧 더우 룩 머이 져
>
> B : Lúc 6 giờ rưỡi.
> 룩 싸우 져 즈어이
>
> A : 수상 인형극은 몇 시에 시작합니까?
> B : 6시 반입니다.

매표소는 어디입니까?

Quầy bán vé ở đâu?
꾸어이 반 배 어 더우

지금 표를 살 수 있나요?

Bây giờ tôi mua vé được không?
버이 져 또이 무어 배 드억 콩

지금 무엇이 공연 중인가요?

Bây giờ đang biểu diễn chương trình nào?
버이 져 당 비에우 지엔 쯔엉 찡 나오

베트남 후에 궁중음악이 공연 중입니다.

Bây giờ đang biểu diễn nhã nhạc cung đình Huế.
버이 져 당 비에우 지엔 냐 냑 꿍 딩 후에

공연은 몇 시에 끝납니까?

Chương trình kết thúc lúc mấy giờ?
쯔엉 찡 껫 툭 룩 머이 져

관광

어느 좌석을 원하십니까?

Anh muốn ngồi chỗ nào?

아잉 무온 응오이 쪼 나오

앞 좌석을 부탁합니다.

Cho tôi chỗ phía trước.

쪼 또이 쪼 피아 쯔억

죄송하지만 매진되었습니다.

Xin lỗi, hết vé rồi.

씬 로이 헷 배 조이

이 옷차림 어때요? 베트남 전통의상 아오자이예요.

Áo của tôi thế nào? Đây là áo dài, trang phục truyền thống của Việt Nam.

아오 꾸어 또이 테 나오 더이 라 아오 자이 짱 푹 쭈이엔 통 꾸어 비엣 남

매우 아름답습니다. 갑시다!

Đẹp tuyệt. Chúng ta đi thôi!

댑 뚜이엣 쭝 따 디 토이

제9장   10. 사진을 찍을 때

> A : Anh có thể chụp giúp tôi tấm ảnh được không?
> 아잉 꼬 테 쭙 지웁 또이 떰 아잉 드억 콩
>
> B : Vâng. Một, hai, ba! Cười lên nào!
> 벙 못 하이 바 끄어이 렌 나오
>
> A : 사진 좀 찍어 주시겠습니까?
> B : 네. 하나, 둘, 셋! 웃어요!

함께 사진 찍어요!

Chúng ta chụp ảnh cùng nhau nhé!
쭝 따 쭙 아잉 꿍 나우 녜

여기서 찍을까요?

Chụp ở đây được không?
쭙 어 더이 드억 콩

저도 당신을 찍어 드릴게요.

Để tôi chụp cho anh.
데 또이 쭙 쪼 아잉

당신의 사진을 찍어도 되겠습니까?

Tôi có thể chụp ảnh cô được không?
또이 꼬 테 쭙 아잉 꼬 드억 콩

이 카메라는 어떻게 사용해요?

Máy chụp này sử dụng như thế nào?
마이 쭙 나이 쓰 중 니으 테 나오

관광

이 버튼을 누르기만 하면 됩니다.

Anh chỉ cần bấm vào nút này là được.

아잉 찌 껀 벋 바오 눗 나이 라 드억

이것을 인화해 주세요.

Cho tôi in bức ảnh này.

쪼 또이 인 븍 아잉 나이

이 사진을 확대해 주세요.

Cho tôi phóng to bức ảnh này.

쪼 또이 퐁 또 븍 아잉 나이

이메일 주소를 알려주시면 보내 드릴게요.

Anh hãy cho tôi biết địa chỉ email để tôi gửi ảnh.

아잉 하이 쪼 또이 비엣 디아 찌 이멜 데 또이 그이 아잉

그러면 정말 좋아요!

Thế thì tốt quá!

테 티 똣 꾸아

베트남에서 사진을 찍을 때에는 중요한 금기사항이 있는데, 절대로 사진을 3명에서 찍지 않는다는 것입니다. 꼭 2명이나 4명 짝을 맞추어 찍고 불가피한 경우에는 나무나 구조물 등을 이용하여 4명이 된 것처럼 하고 사진을 찍습니다.

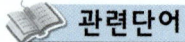

관련단어

비행기

cơ trưởng	꺼 쯔엉	기장
phi công	피 꽁	조종사
phi công phụ	피 꽁 푸	부조종사
tiếp viên hàng không	띠엡 비엔 항 콩	승무원
nữ tiếp viên hàng không	느 띠엡 비엔 항 콩	스튜어디스
khoang hành lý trên đầu	코앙 하잉(한) 리 쩬 더우	머리 위 짐칸
tai nghe	따이 응애	헤드폰
ổ cắm điện	오 깜 디엔	콘센트
mặt nạ oxy	맛 나 옥씨	산소마스크
áo phao cứu hộ	아오 파오 끄우 호	구명조끼
lối thoát hiểm	로이 토앗 히엠	비상 탈출구
trống	쫑	비다
nút gọi	눗 고이	호출버튼
cấm hút thuốc	껌 훗 투옥	금연

공항

sân bay	썬 바이	공항
phòng hướng dẫn thông tin	퐁 흐엉 젼(연) 통 띤	안내소
khởi hành	커이 하잉(한)	출발하다
lối vào	로이 바오	입구
lối ra	로이 자(라)	출구
lối đi	로이 디	통로
cấm vào	껌 바오	출입금지

khu vực hạn chế	쿠 븍 한 쩨	제한구역
người nước ngoài	응어이 느억 응오아이	외국인
khách	카익(칵)	방문자
người trong nước	응어이 쫑 느억	내국인
quản lý xuất nhập cảnh	꾸안 리 쑤엇 녑 까잉(깐)	출입국관리
hải quan	하이 꾸안	세관
kiểm dịch	끼엠 직(익)	검역
bảo vệ	바오 베	보안, 경비
khu nhận hành lý	쿠 년 하잉(한) 리	짐 찾는 곳
phòng hướng dẫn hàng thất lạc	퐁 흐엉 전(연) 항 텃 락	분실물 안내 센터
phòng chờ	퐁 쩌	대기실, 웨이팅룸
ngân hàng	응언 항	은행
đổi tiền	도이 띠엔	환전
cửa hàng miễn thuế	끄어 항 미엔 투에	면세점
xe cho thuê	쌔 쪼 투에	렌터카
bến xe tắc xi	벤 쌔 딱 시	택시 승강장
bến xe buýt	벤 쌔 부잇	버스정류장

호텔

người quản lý	응어이 꾸안 리	관리인, 지배인
nhân viên tiếp tân	년 비엔 띠엡 떤	리셉션 직원
nhân viên đặt phòng	년 비엔 닷 퐁	예약 직원
nhân viên gác cửa	년 비엔 각 끄어	벨보이, 도어맨
nhân viên tổng đài	년 비엔 똥 다이	교환 직원
nhân viên dọn phòng	년 비엔 존(욘) 퐁	객실 청소 직원

관련단어

phòng suite	퐁 쓰윗	스위트룸
phòng 2 giường	퐁 하이 즈엉(이으엉)	트윈룸
phòng giường đôi	퐁 즈엉(이으엉) 도이	더블룸
phòng đơn	퐁 던	1인실
phòng đôi	퐁 도이	2인실

위급상황

10장

1. 도둑맞았을 때
2. 물건을 잃어버렸을 때
3. 사고를 당했을 때

Vietnamese

제10장

1. 도둑맞았을 때

> A : Làm thế nào, tôi bị giật túi xách.
> 람 테 나오 또이 비 지엇 뚜이 싸익
>
> B : Hãy đi đến đồn cảnh sát cùng tôi khai báo bị cướp.
> 하이 디 덴 돈 까잉 쌋 꿍 또이 카이 바오 비 끄업
>
> A : 어쩌면 좋아요, 가방을 날치기당했어요.
> B : 함께 경찰서로 가서 도난 신고를 합시다.

테이블 위에 둔 내 카메라를 누군가 가져갔어요!

Ai đó đã lấy máy ảnh của tôi ở trên bàn!
아이 도 다 러이 마이 아잉 꾸어 또이 어 쩬 반

핸드폰을 소매치기당했어요.

Điện thoại di động của tôi bị mất cắp.
디엔 토아이 지 동 꾸어 또이 비 멋 깝

내 방이 털린 것 같아요!

Hình như căn phòng của tôi bị trộm!
힌 니으 깐 퐁 꾸어 또이 비 쫌

돌아와 보니 내 노트북이 없어졌어요.

Khi về, tôi thấy máy tính xách tay của tôi bị mất.
키 베 또이 터이 마이 띵 싸익 따이 꾸어 또이 비 멋

경찰서는 어디에 있나요? 함께 가줄 수 있나요?

Đồn công an ở đâu? Anh đi cùng với tôi được không?
돈 꽁 안 어 더우 아잉 디 꿍 버이 또이 드억 콩

여권을 재발급받아야 합니다.

Tôi phải xin cấp lại hộ chiếu.

또이 파이 씬 껍 라이 호 찌에우

여행자 보험엔 가입되었나요?

Anh đã đăng ký bảo hiểm du lịch chưa?

아잉 다 당 끼 바오 히엠 주 릭 쯔어

네, 한국에서 보험에 가입했어요.

Rồi, tôi đã đăng ký tại Hàn Quốc.

조이 또이 다 당 끼 따이 한 꾸옥

세상에나! 집에 오는 길에 핸드폰을 날치기당했어요.

Trời ơi! Tôi bị giật máy điện thoại di động trên đường về nhà.

쩌이 어이 또이 비 쟛 마이 디엔 토아이 지 동 쩬 드엉 베 냐

여권과 지갑이 들어 있는 가방을 날치기당했습니다.

Tôi bị giật túi xách có hộ chiếu và ví của tôi ở trong đó.

또이 비 쟛 뚜이 싸익 꼬 호 찌에우 바 비 꾸어 또이 어 쫑 도

한국대사관 전화번호를 알려주세요.

Xin cho tôi biết số điện thoại của đại sứ quán Hàn Quốc.

씬 쪼 또이 비엣 쏘 디엔 토아이 꾸어 다이 쓰 꾸안 한 꾸옥

제10장 2. 물건을 잃어버렸을 때

> A : Có việc gì vậy?
> 꼬 비엑 지 버이
>
> B : Tôi bị mất túi xách rồi.
> 또이 비 멋 뚜이 싸익 조이
>
> A : 무슨 일이에요?
> B : 백을 잃어버렸어요.

제 짐이 보이지 않아요.

Tôi không thấy được hành lý cá nhân.
또이 콩 터이 드억 하잉 리 까 년

지갑을 잃어버렸어요.

Tôi bị mất ví rồi.
또이 비 멋 비 조이

여권을 잃어버렸습니다.

Tôi bị mất hộ chiếu rồi.
또이 비 멋 호 찌에우 조이

가방 안을 잘 찾아보셨나요?

Anh đã thử tìm kỹ trong túi xách chưa?
아잉 다 트 띰 끼 쫑 뚜이 싸익 쯔어

어디서 잃어버렸는지 모르겠습니다.

Tôi không biết bị mất ở đâu.
또이 콩 비엣 비 멋 어 더우

위급상황

안에는 현금이 들어 있습니다.
Trong túi có tiền mặt.
쫑 뚜이 꼬 띠엔 맛

유실물 센터는 어디입니까?
Trung tâm tìm đồ thất lạc ở đâu?
쫑 떰 띰 도 텃 락 어 더우

분실신고서를 작성해 주세요.
Vui lòng điền vào tờ khai thất lạc.
부이 롱 디엔 바오 떠 카이 텃 락

발견하시면 여기로 연락 주세요.
Hãy liên lạc cho đây khi tìm được.
하이 리엔 락 쪼 더이 키 띰 드억

찾으면 즉시 연락 주세요.
Hãy liên lạc cho tôi ngay khi tìm thấy.
하이 리엔 락 쪼 또이 응아이 키 띰 터이

제10장 3. 사고를 당했을 때

A : Tôi bị tai nạn giao thông.
또이 비 따이 난 쟈오 통

B : Tôi sẽ gọi xe cấp cứu.
또이 쌔 고이 쌔 껍 끄우

A : 교통사고를 당했습니다.
B : 구급차를 부르겠습니다.

사고입니다!

Có tai nạn!
꼬 따이 난

살려 주세요!

Cứu tôi với!
끄우 또이 버이

다친 사람이 있습니다.

Có người bị thương.
꼬 응어이 비 트엉

응급처치를 해 주세요.

Xin hãy xử lý cấp cứu cho tôi.
씬 하이 쓰 리 껍 끄우 쪼 또이

경찰을 불러 주세요.

Hãy gọi cảnh sát cho tôi.
하이 고이 까잉 쌋 쪼 또이

위급상황

도움을 청해 주세요.

Hãy cầu cứu cho tôi.

하이 꺼우 끄우 쪼 또이

구급차를 부탁합니다.

Hãy gọi xe cấp cứu cho tôi.

하이 고이 쌔 껍 쓰우 쪼 또이

의사를 불러 주세요.

Hãy gọi bác sĩ cho tôi.

하이 고이 박 씨 쪼 또이

보험은 들어 있습니까?

Chị có bảo hiểm không?

찌 꼬 바오 히엠 콩

보험회사에도 연락해 주세요.

Hãy liên lạc với công ty bảo hiểm của tôi.

하이 리엔 락 버이 꽁 띠 바오 히엠 꾸어 또이

비상벨을 누르세요.

Hãy bấm chuông báo động.

하이 범 쭈옹 바오 동

구조대를 불러주세요. 116을 불러주세요.

Hãy gọi đội cứu hộ. Hãy gọi 116.

하이 고이 도이 끄우 호 하이 고이 못못싸우

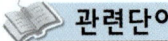
관련단어

분실, 도난, 사고

tai nạn	따이 난	사고
tai nạn giao thông	따이 난 쟈오 통	교통사고
mất cắp	멋 깝	도난
trộm	쫌	도둑
móc túi	목 뚜이	소매치기
bắt cóc	밧 꼭	유괴
đe dọa	대 조아	협박
giết người	젯 응어이	살인
cảnh sát = công an	까잉 쌋 = 꽁 안	경찰
đồ thất lạc	도 텃 락	분실물
giấy chứng minh	져이 쯩 밍	신분증
hộ chiếu	호 찌에우	여권
đồ quí	도 꾸이	귀중품
thẻ tín dụng	태 띤 중	신용카드
xe cấp cứu	쌔 껍 끄우	구급차
tố cáo	또 까오	신고하다
túi xách	뚜이 싸익	핸드백
chi phí	찌 피	비용
giấy chứng nhận	져이 쯩 년	증명서
ví tiền	비 띠엔	돈지갑

부록

▶ 초심자를 위한 베트남어 막사용 설명서

▶ 그림 단어
1. 객실
2. 화장실
3. 컴퓨터
4. 문구류
5. 가전제품
6. 주방
7. 인체
8. 과일
9. 야채
10. 동물
11. 베트남의 주요 도시

초심자를 위한 베트남어 막사용 설명서

베트남에 가서 베트남어를 못해도 최소한 다음 몇 마디만 알면 도움이 될 것입니다.

- **Xin chào!**
  씬 짜오

  안녕하세요!

- **chào + 2인칭**
  짜오

  안녕!

- **vâng / phải / có.**
  벙 / 파이 / 꼬

  예.

- **không.**
  콩

  아니요.

- **OK.**
  오께

  좋아요. 괜찮아요.

- **cái này / đây**
  까이 나이 / 더이

  이것

- **kia**
  끼어

  저것

- **Giúp tôi với!**
  지웁 또이 버이

  도와주세요.

- **Xin lỗi.**
  씬 로이

  실례합니다. 죄송합니다. 미안합니다.

- **Không sao.**
  콩 싸오

  괜찮습니다.

- **xin mời ~**
  씬 머이

  제발 ~

- **~ ở đâu?**
  어 더우

  ~은 어디 있습니까?

- **bao nhiêu?**
  바오 니에우

  얼마입니까?

- **Cám ơn.**
  깜 언

  고맙습니다. 감사합니다.

- **Không có gì.**
  콩 꼬 지

  천만에요.

- **Hẹn gặp lại!**
  핸 갑 라이

  안녕!

1. 객실

그림 단어

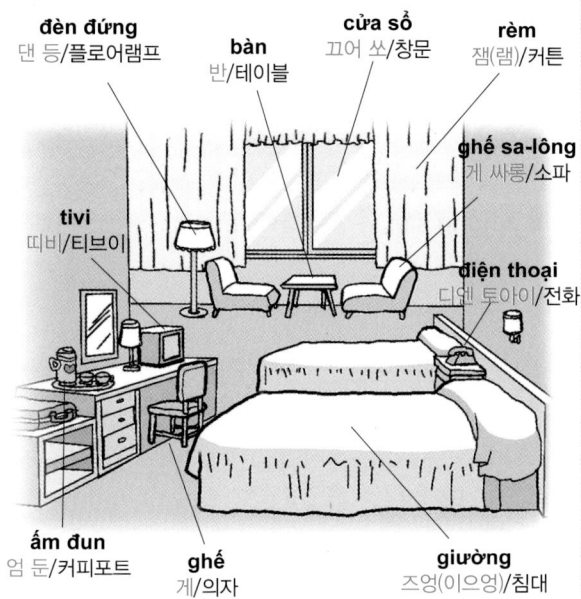

- **đèn đứng** 댄 등/플로어램프
- **bàn** 반/테이블
- **cửa sổ** 끄어 쏘/창문
- **rèm** 잼(램)/커튼
- **ghế sa-lông** 게 싸롱/소파
- **tivi** 띠비/티브이
- **điện thoại** 디엔 토아이/전화
- **ấm đun** 엄 둔/커피포트
- **ghế** 게/의자
- **giường** 즈엉(이으엉)/침대

- **tủ áo** 뚜 아오/옷장
- **gạt tàn thuốc** 갓 딴 투옥/재떨이
- **ổ cắm điện** 오 깜 디엔/콘센트
- **đèn** 댄/등, 램프
- **chăn** 짠/이불
- **gối** 고이/베개

2. 화장실

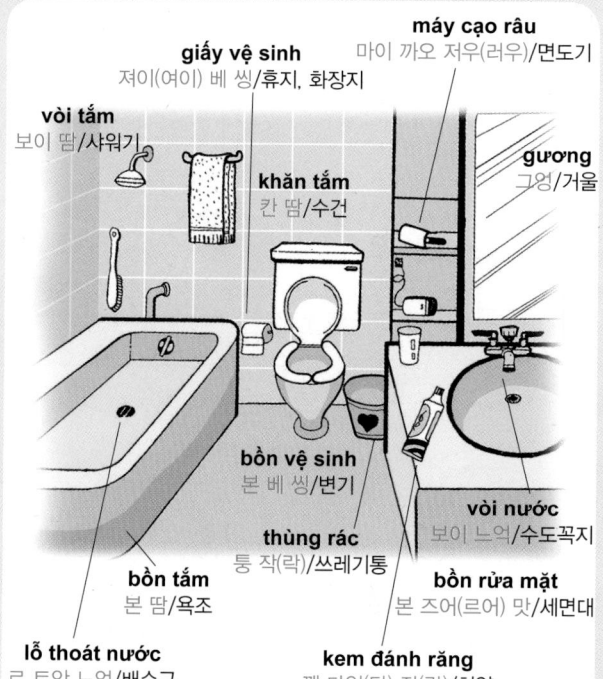

- **máy sấy tóc** 마이 써이 똑/헤어드라이기
- **xà phòng** 싸 퐁/비누
- **dầu gội đầu** 저우(여우) 고이 더우/샴푸
- **dầu xả** 저우(여우) 싸/린스
- **bàn chải đánh răng** 반 짜이 다잉(단) 장(랑)/칫솔
- **lược** 르억/빗

3. 컴퓨터

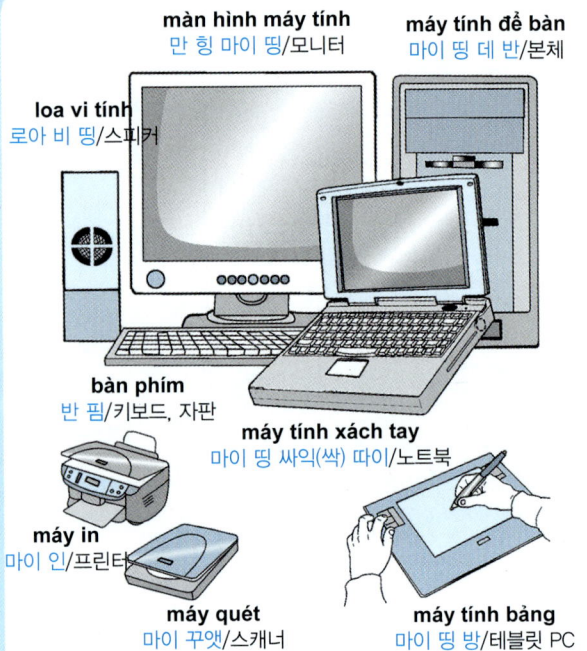

- **máy tính cá nhân** 마이 띵 까 년/개인 PC
- **máy vi tính bàn** 마이 비 띵 반/데스크탑
- **con chuột** 꼰 쭈옷/마우스
- **mạng không dây** 망 콩 져이(여이)/와이파이
- **ổ đĩa CD** 오 디아 씨디/시디롬
- **bộ vi xử lý** 보 비 쓰 리/CPU
- **bộ nhớ trong** 보 녀 쫑/RAM

4. 문구류

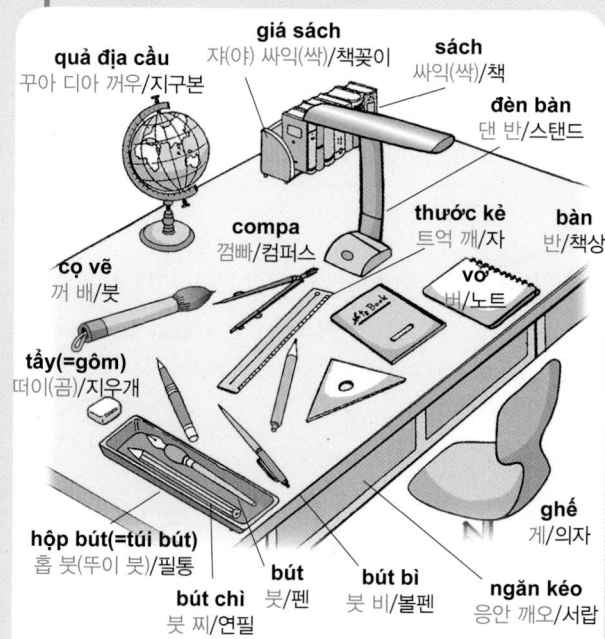

- **bút lông màu** 붓 롱 마우/사인펜
- **bút chì màu** 붓 찌 마우/색연필
- **bút sáp màu** 붓 쌉 마우/크레파스
- **băng keo** 방 깨오/스카치테이프
- **dao rọc giấy** 자오(야오) 족(록) 저이(여이)/커터칼
- **màu nước** 마우 느억/물감
- **hồ dán** 호 잔(얀)/물풀
- **keo khô** 깨오 코/딱풀

5. 가전제품

tủ lạnh
뚜 라잉(란)/냉장고

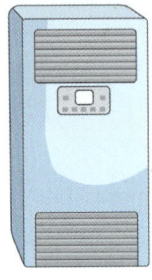
máy lạnh
마이 라잉(란)/에어컨

máy ảnh
마이 아잉(안)/카메라

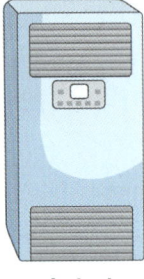
máy xay sinh tố
마이 싸이 씽 또/믹서기

tivi
띠비/텔레비전

quạt máy
꾸앗 마이/선풍기

máy giặt
마이 잣(얏)/세탁기

- **máy ảnh kỹ thuật số** 마이 아잉(안) 끼 투엇 쏘/디지털카메라
- **máy hút bụi** 마이 훗 부이/청소기
- **máy lọc không khí** 마이 록 콩 키/공기청정기
- **máy phun sương tạo ẩm** 마이 푼 쓰엉 따오 엄/가습기
- **máy sấy tóc** 마이 써이 똑/헤어드라이기
- **máy pha cà phê** 마이 파 까 페/커피머신
- **lò nướng bánh mì** 로 느엉 바잉(반) 미/토스트기
- **bếp điện** 벱 디엔/전기가스레인지

6. 주방

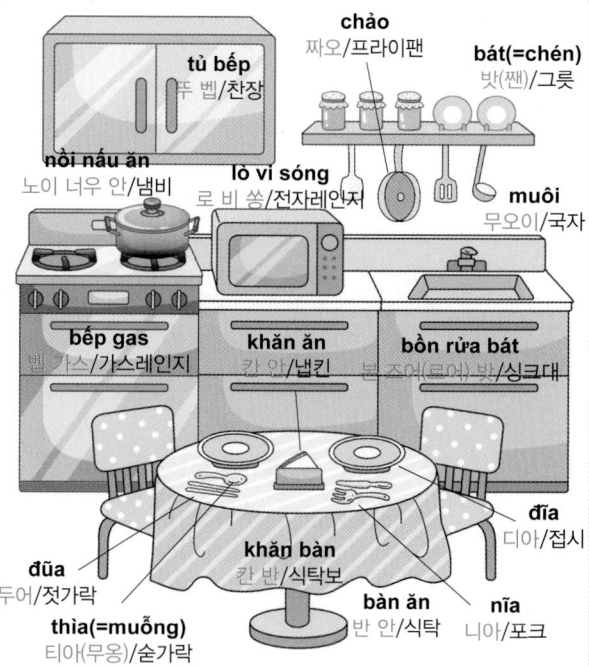

- **dụng cụ bếp** 중(융) 꾸 벱/주방용구
- **máy rửa bát** 마이 즈어(르어) 밧/식기세척기
- **lò nướng** 로 느엉/오븐
- **máy lọc nước** 마이 록 느억/정수기
- **thớt** 텃/도마
- **dao** 쟈오(야오)/칼, 식도
- **khay** 카이/쟁반

7. 인체

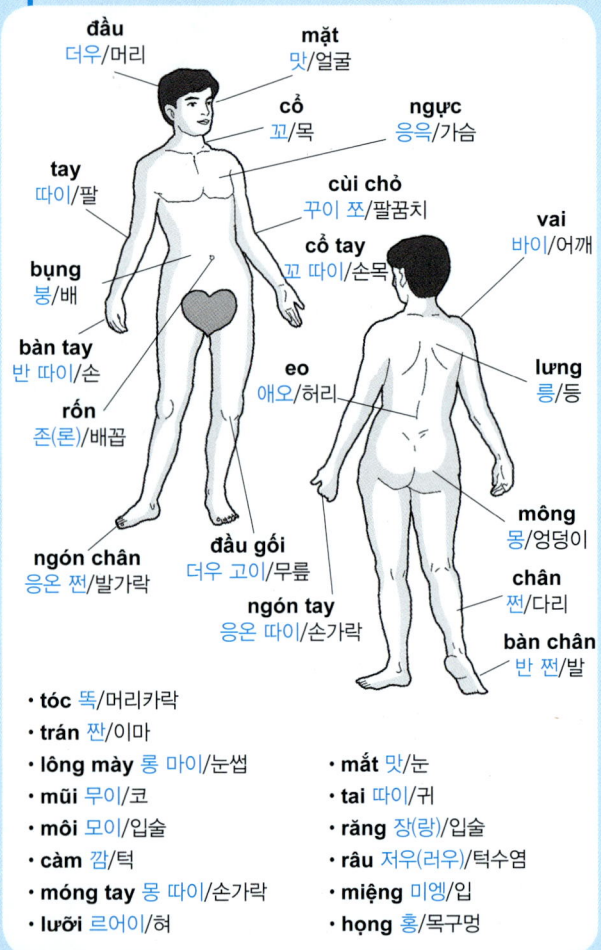

- **tóc** 똑/머리카락
- **trán** 짠/이마
- **lông mày** 롱 마이/눈썹
- **mũi** 무이/코
- **môi** 모이/입술
- **càm** 깜/턱
- **móng tay** 몽 따이/손가락
- **lưỡi** 르어이/혀
- **mắt** 맛/눈
- **tai** 따이/귀
- **răng** 장(랑)/입술
- **râu** 저우(러우)/턱수염
- **miệng** 미엥/입
- **họng** 홍/목구멍

8. 과일

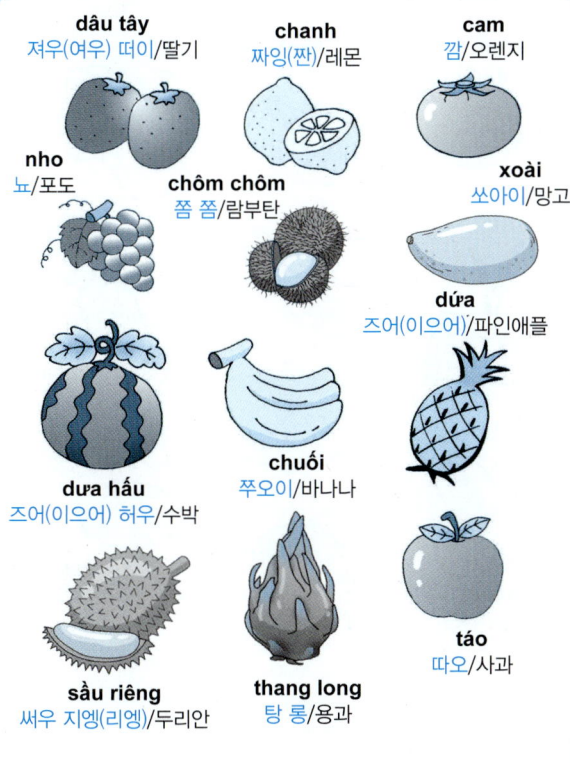

- dừa 즈어(이으어)/코코넛
- bưởi 브어이/자몽
- măng cụt 망 꿋/망고스틴
- đu đủ 두 두/파파야
- đào 다오/복숭아
- ổi 오이/구아바

9. 야채

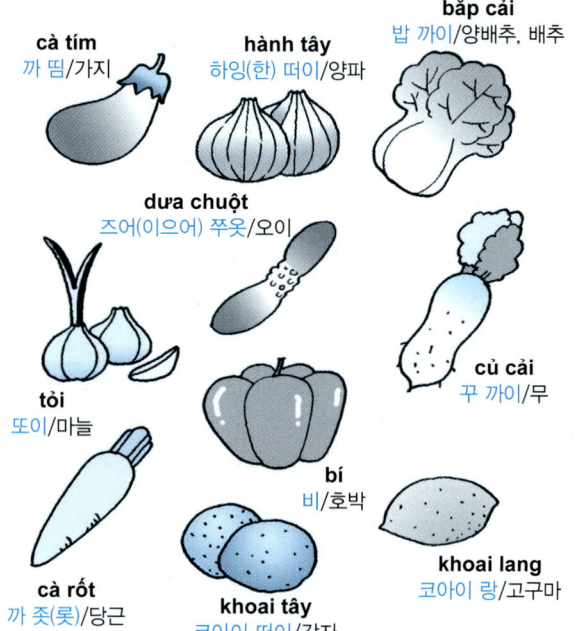

- **xà lách** 싸 라익(락)/상추
- **hành** 하잉(한)/파
- **nấm** 넘/버섯
- **gừng** 긍/생강
- **rau thơm** 자우(라우) 텀/향채
- **ớt** 엇/고추
- **giá** 쟈(야)/숙주
- **măng** 망/죽순
- **cà chua** 까 쭈어/토마토

10. 동물

- **sư tử** 쓰 뜨/사자
- **voi** 보이/코끼리
- **cá sấu** 까 써우/악어
- **đại bàng** 다이 방/독수리
- **hươu cao cổ** 흐어우 까오 꼬/기린
- **lạc đà** 락 다/낙타
- **hà mã** 하 마/하마
- **cá voi** 까 보이/고래

11. 베트남의 주요 도시

- **miền bắc** 미엔 박/북부
- **miền trung** 미엔 쯩/중부
- **miền nam** 미엔 남/남부
- **đồng bằng sông cửu lông** 동 방 쏭 끄우 롱/메콩델타
- **núi Phan Xi Păng** 누이 판 씨 빵/판시팡산(베트남 최고 높이의 산)
- **sân bay Tân Sơn Nhất** 썬 바이 떤 썬 녓/떤썬녓 공항(호찌민)
- **sân bay Nội Bài** 썬 바이 노이 바이/노이바이 공항(하노이)

■ **저자 홍빛나**

한국외국어대학교 베트남어과 졸업 / 베트남 주석 초청 만찬 사회통역
베트남 수상 통역 / 고려대학교 출강 / 한국변호사협회 베트남어 출강
한국 관광통역사협회 출강 / 삼성전자 출강

■ **저서**

혼자배우는 베트남어첫걸음
베트남어 일상회화사전

통기초 베트남어 생활회화 HandSumbook

초판 1쇄 발행	2014년 6월 10일
11쇄 발행	2025년 4월 10일

지은이 　홍빛나
발행인 　박해성
편집인 　김양섭, 조윤수　　기획마케팅　이훈, 박상훈, 이민희
발행처 　**정진출판사** 02752 서울 성북구 화랑로 119-8
　　　　대표전화 (02) 917-9900
　　　　홈페이지 jeongjinpub.co.kr **이메일** jj1461@chol.com
　　　　출판등록 1989년 12월 20일 제 6-95호
ISBN 978-89-5700-123-3 *13730

- 본 책은 저작권법에 따라 한국 내에서 보호받는 저작물이므로 무단전재와 복제를 금합니다.
- 이 도서의 국립중앙도서관 출판예정도서목록(CIP)은 서지정보유통지원시스템 홈페이지 (http://seoji.nl.go.kr)와 국가자료공동목록시스템(http://www.nl.go.kr/kolisnet)에서 이용하실 수 있습니다.(CIP제어번호 : CIP2014015127)
- 파본은 교환해 드립니다. 책값은 뒤표지에 있습니다.